舵手证券图书
www.zqbooks.com

知讯领航财富人生

舵手俱乐部 www.duoshou108.com

证券交易
用模型策略战胜市场

郭浩 著

山西出版传媒集团
山西人民出版社

图书在版编目（CIP）数据

证券交易：用模型策略战胜市场 / 郭浩著. -- 太原：山西人民出版社，2016.11
ISBN 978-7-203-09562-0

Ⅰ. ①证… Ⅱ. ①郭… Ⅲ. ①证券交易-基本知识 Ⅳ. ①F830.91

中国版本图书馆CIP数据核字(2016)第077076号

证券交易：用模型策略战胜市场

著　　者：	郭　浩
责任编辑：	赵晓丽
出 版 者：	山西出版传媒集团・山西人民出版社
地　　址：	太原市建设南路21号
邮　　编：	030012
发行营销：	0351-4922220　4955996　4956039　4922127（传真）
天猫官网：	http://sxrmcbs.tmall.com　电话：0351-4922159
E-mail	sxskcb@163.com　发行部 sxskcb@126.com　总编室
网　　址：	www.sxskcb.com
经 销 者：	山西出版传媒集团・山西人民出版社
承 印 厂：	大厂回族自治县德诚印务有限公司
开　　本：	710mm×1000mm　1/16
印　　张：	15.5
字　　数：	280千字
印　　数：	4100册
版　　次：	2016年11月第1版
印　　次：	2016年11月第1次印刷
书　　号：	ISBN 978-7-203-09562-0
定　　价：	39.00元

如有印装质量问题请与本社联系调换

序 言
PREFACE

  纷繁复杂的市场之中，必须有人来发现并揭示其内在价格运行的密码，方能使广大投资者早日到达成功彼岸！本书所著内容也许称不上是最好的，但出于对读者负责任的态度，本书应该是最为实用的。同行一处，我便切身体会到各炒友们在交易中的恍惚，故将多年市场之沉淀撰文奉献与世。其间，因笔者创作能力有限，字里行间出现瑕疵也在所难免，还望各位友人多多包涵。

  不要让过去轮回，昨天的太阳是无法晒干今天的衣裳的，改变是我们唯一的选择。固有的操作观念已不能适应瞬息万变的市场，不是市场出了问题，而是我们在原地停留的时间太久，唯有改变才能重新适应市场。运用新的思维、新的模式，在市场不断的发展中发现"利于市场，利于个人"的交易方略，解读市场与价格运动规律等内容，通过树立正确的交易观念、发现价格运动之密码以及人性思维情绪的波动，对不同时期的行为变化做了较详细的阐述。因此，使读者习得规避风险与资金的有效管理和使读者能够早日成为市场中的佼佼者并让赢利成为一种模式，便是撰写本书的初衷。知识焦点贯穿全书，反复阅读、深刻领悟，便可为自己找到开启财富大门的钥匙。

因此，当你在阅读此书时，请务必按其章节顺序进行，方能将清晰而富有哲学理念的内容消化。证券交易策略模型是鉴于多层次人群及文化程度的不同而对市场价格运行进行的研判，其内容更多在于参悟与结合自身诸多因素而提炼出的新赢利模式。所以，为了能够让此著作早日问世，并帮助大家顺利完成各项交易，我将注入全部精力来努力完成，对此我深感欣慰。我想借此机会通过文字的书写来表达我此刻激动的心情，没有你们的帮助和默默支持，这部著作也许不会这么早与大家见面。为此，我要感谢所有支持与勉励过我的亲朋好友。

最后，衷心希望各位读者能够早日参透此书并将其运用于实际交易当中。

郭 浩

2013 年 5 月 15 日

目 录
CONTENTS

第一章 打开投资心灵之窗 …………………………… 1

　丢弃固有的操作思维 ………………………………… 3

　减少犯错次数，你就会成为赢家 …………………… 7

　做好长期投资的准备 ………………………………… 9

　成功投资需具备的六个条件 ………………………… 14

　使你走向成熟并可稳定获利的方法 ………………… 18

第二章 投资策略与思维模式 ……………………… 29

　在混沌市场中寻找秩序 ……………………………… 31

　适时观察价格的变动方向，让自己成为顺应者 …… 48

　鳄鱼原则 ……………………………………………… 61

　平行线交易法则 ……………………………………… 64

　分析学派的优点与缺点 ……………………………… 71

第三章 价格形态图解 ·· 79

反转形态图解 ·· 82

持续形态图解 ··· 100

第四章 时空维度 ··· 113

价格波动原理——浪形变化 ·································· 115

价格波动原理——时空预测 ·································· 123

第五章 探寻K线之秘密 ···································· 133

K线由来与分析 ·· 135

分形与五指交易 ·· 148

蜡烛图的识别与应用 ·· 153

K线中的隐形骗线 ··· 161

第六章 交易策略与买卖信号 ······························ 169

交易的概念 ··· 171

交易策略模式 ·· 176

交易策略之拐点 ·· 182

评估自己的时间与性格 ·· 191
　　建立一套符合自己交易个性的系统 ···························· 194

第七章　风险控制与管理 ·· 203
　　风险解读与预判 ··· 205
　　风险控制与管理 ··· 211
　　评估自己对风险的承受能力 ······································· 215

第八章　让赢利成为模式 ·· 223
　　赢利的基础 ·· 225
　　赢利的分析 ·· 229
　　持续赢利与快速获利的两个基本原则 ························ 234

后　记 ·· 239

第一章

打开投资心灵之窗

> 成功是有方法的，成功是可以借鉴甚至复制的，成功是正确行事后的一种必然回报。因此，成功的操盘手就是顺大势而行，逆小势而变。变中取胜乃成功之获利也。

丢弃固有的操作思维

世界万物处于运动中，没有什么物体是固定不变的。万物运动追寻自然运动之规律——从简单走向繁杂，再从繁杂走向简单。在自然的轮回中，人之所以变得聪明，是因为人遵循了自然法则，在无序中找到有序、有序中繁衍种类，这是人类不断进化的结果。因此，思考和正确观念的转变，将促使人类在现实社会中不断发展壮大，成为社会的主宰。

然而，在瞬息万变的金融投资市场中交易，这一点将会表现得更为凌厉一些。观念是人类对事物的理解及成败的启迪，不同层次的人群将会通过自己的主观意念行事并产生出不同的行事结果。观念，时而提起，时而忘记，这在我们的日常生活中并不陌生，只是偶尔会因事态的快速发展而被忽略。其实，不管是投资者还是投机者，在场内进行实际交易中都或多或少地受到某种观念的束缚。俗话说，好的观念铸就好的结果，而坏的观念就如噩梦一样长期缠绕着你，让你痛苦不堪。这不是命运的安排，而是在你还没有享受正确观念所带来的巨大财富之前，仍然是错误的观念在驱使你行事。而此时，又不论你是在市场中充当何种角色（投资者、投机者或交易员），都难以逃脱亏损的宿命，虽然你在每一次倒下后，还会鼓足勇气选择重回到荧屏前进行交易，但结果将会证明你的行为是错的。

为此，丢弃固有的操作观念，对参与者来说是一件极为重要的事情。例如，当市场出现大的上涨或是下跌走势时，错误的观念会促使投资者在上升或下降的某个时间段内进行短时间的参与，然后盲目地选择新的交易方向并变换策略。而正确的交易思路，则是在市场出现上涨或下跌走势时，顺着价格的运动方向交易，直至价格走势出现方向性的转折时，再改变交易方向并开始仓位布局。然而，在市场交易中能否获益或获益多少，还将取决于是否有一个正确的操作观念，以及这些观念是否得到有效执行。

正确的操作观念

研究价格的运动规律与实际走向，在价格稳步攀升中的低点或平台突破后买入（详细内容见后文）。正确的操作观念，就是引导参与者在利于自己且相对合适的点位进行交易，而并非是对任何人在市场参与中获得收益的保证。那么，就绝大多数理性交易者而言，无论是上升还是回撤后的反弹走势，他们都更愿意在价格利于自己的点位进行交易，当然也不排除少量激进投资者在回撤还未结束时买入。所以，这是一种观念上的论证话题，就人性范畴的两面性来说，同一事物未必会同时得到两个人的认同。因此，对这一观念论证的最终结果，将是参与者本身对事物的理解与认识，就好比有人喜欢进行T+0短线交易，而有人又习惯于一周左右的小波段博取，还有人因习惯与时间性的不同，选择中长线投资而不去理会日内价格的波动，总之，一切行为都将由心而发。

错误的操作观念

与正确的操作观念相反，从行为的变化中可以看出，看似在为规避风险而做出努力，其实恰恰相反，选择交易的方向往往是与市场价格走势呈反向。譬如，买入时价格调整，卖出后价格上升，反复交易其结果是赚了指数不赚钱，将手中牛股一个个送与他人。又如，在价格进入调整时买入，下跌还未结束时补仓，本意是摊低成本却不承想还有低点，在一波牛市行情中不赚钱者也有之。这些行为的凸显便是人性对未来价格走势的一种预判，其投机性极浓，常以捕捉有利于自己的最低点与最高点而频繁交易。从主观上来说，也许这种行为是最为合理有效的，而在事实面前能否就如参与人士所想，我想这个答案是否定的。从客观角度来分析，此种行为到底有没有获得收益的可能性呢？我认为伴随价格走势的灵活变化和幸运成分的存在，也有可能获得一定比率的收益，不过仅是可能而已。为此，操作观念的正确与否，可以用一个最为真实的结果来衡量。即盈亏额度的对比，假若你的账面金额为正数，那么我要恭喜你。相反，假若你的账面金额为负数，那么我也要为你祝贺，因为你已经发现自己错在哪里了。

正确与错误操作观念的心理反应

两者之间的行为变化是由内心的贪婪与恐惧造成的，以上对两种操作观念的诠释，便是两种人性对市场价格未来走势及预期收益的预判。正确操作观念者的心理反应是，在较为安全的情况下追求一定的收益比率，思维相对是比较清晰的。而错误操作观念者的心理反应是，在风险较大的情况下通过投机行为来达成期盼的收益比率。因此，顺势而为方为王道。

步入市场的新星人士

伴随价格的不断攀升，市场赚钱效益与狂热的气氛愈演愈烈，成交量爆表就是最好的例证，全民炒股已经成为潮流。85后、90后的热血青年不再停留在以传统的劳动力来换取收益，而是在此基础上更加青睐于对金融产品的投资选择，从社会长期发展角度来看，这种现象的确是一种向好的形势。

创业、互联网、金融类股票被热炒，一次次掀起了投资热潮，有关部门虽然不断发出风险警示，但还是很难控制投资人的情绪。且投且学习，是投资老手们的忠告，它既有利于市场长期发展，同时也有利于投资者本人对未来收益的把控，健康投资，稳定收益是我们的方向。能够理清思路正确看待市场，在健康有序的市场中形成一种稳获投资收益的习惯，新星必然诞生。

投身市场多年的投资老手

市场发展永远不会停留在一个思想层面上。固有的思维模式在不同时期难以驾驭市场，犹如在市场初期偏向估值较低的个股，而在市场进入到上升时期以后，这种选股的策略也许就会或多或少影响到你的收益，若价格继续上升并创出历史新高，那么投资人就会产生选股迷茫，但又想快速赢利的情绪。思绪混乱不知所措。换一种角度去思考，当价格出现高点之后，还将有更高的点，没有不好的股票，能够抓住的都是牛股，牛市格局的赚钱效应，不是买到黑马而是要骑上黑马、坐稳黑马，最后你就是赢家。

减少犯错次数，你就会成为赢家

市场中的交易错误可帮助人们走向一种更加有效、持久的正确道路。它是一个过程，投资生涯中不可或缺的部分，当错误发生时才会去思考错误的原因，并寻找方法去改正。我们不希望这种错误是致命的，所以我们一直在努力学习和研究让错误离我们远一点再远一点。

是的，在牛市行情中，我们不希望自己成为最后一位踏上牛市列车的人，获取收益的机会应该属于每一位正在等待列车的人，虽然我不知道前面会发生什么事情，但上车的热情一直在鼓动着我的内心，它告诉我这也许是人生当中的一个转折点，我应该去选择并顺应它。在一个全民投资的时代，我没有理由去拒绝。没错，我已经做好了一切准备。

股票投资是一件非常愉快的事情，价格涨跌与人性思维的洞察，会让每一位投资人都倾尽所能，赚钱效应如此之快，如此之巨。一只股票上涨需要经历几个阶段，底部筹码收集、价格上升过程中结合指数对浮动筹码的清洗，然后再到价格进入主升浪后的高位出货、换庄。我们需要思考的问题是随着价格的不断攀升，投资策略与交易手法要与价格运行的节奏相适应，避免追涨杀跌行为的出现。可见，市场的热度是由价格上涨点燃，当价格超出预判后，心理变化是极为脆弱的，每一次上涨都是一个考验，这是人性的弱点，虽然它不以人的意志为转移，但人性的拥有度是不变的，为了留存当下的收益被迫选择卖出股票。这不是你的错误，在当时你的选择也许是正确的，只因市场投资气氛过度强劲而将正确的策略错误化，所以在牛市行情中卖掉的股票大多都是好股票，节节攀升后都将成为黑马。

那么，股票交易中的错误又是什么？客观的问题依然存在，如此周而复始的交易，令自己甚是郁闷，频繁交易的背后，是对牛股的抛弃。花中自有红花开，只恨红花未开时，我便弃花奔他去，待到红花艳照时，无缘欣赏还复来，花落之后我参与，又得时日来栽培。这不是我们的意愿，但似乎已经成了绝大多数投资人的经历，当下你是否已经意识到了自己的错误并不重要，重要的是，你对当前市场的认知及自己投资思维与手法的改变。慢牛股票的运行特征是具有独特风格的，涨涨跌跌倾斜运动是重要信号，同花顺股价虽然很高，但每一个高点都被此后的上涨刷新，你不认为它将继续上涨反而看到了更大风险的存在，我能理解你当初卖出股票的心情，但它不能代表卖出股票的依据，假设，你现在问我它的高点在什么价位，我能告诉你的，将是现在的上涨无据证明它将来的高点，你要做的是顺应它的方向继续投资，其他的事情应该交给更高智商的人去做，还原投资本身。

显然，错误不只是在卖出股票时发生，买入股票也时常如此。不可回避的事实是，价格不会一直上升，累了总得歇歇，故，回调则是自然，大涨大回小涨小回，以时间换取空间或以空间换取时间，是价格轮回的需要，过早买入就会出现短期亏损，如果待价格调整结束重返上升轨道也许就会以相对高的价格买入。一个理性的投资者将会选择待价格重返上升轨道后买入，是一种基于风险考虑之后的操作策略，相对牛熊市都可运用。而前者的风险则会在牛市转为熊市的初期或中期不断加大，使投资人陷于止损的困境。相信在实战交易中，你会不断总结这些经验并在之后的操作中规避，力求做好每一只股票。在获得收益的同时，我们要善于发现市场格局的变化，主力思维与运作手法是赶超指数的主要手段，认识了它就等于弄清了赚钱的门道。

此外，将精力放在对市场研判上来，一次牛市的到来是需要广大投资者的信任得以长期发展的,IPO 发行,公募、私募资金的剧增就是对市场最好的评价,长期看方向,短期靠手段,结合自身不以过去的眼光看待当前的市场,不断适应投资环境的变化。

总之,不能让机会一次次错过。错过机会同样是在犯错误,只有想法与做法一致后才能减少犯错。

做好长期投资的准备

投资是一项长跑运动,并非是短跑冲刺,唯有做好长期投资的准备,才能保有稳定可观的收益。

金融市场的确是一个可以让人快速致富的场所,前提是你必须制定出制胜的规则,否则想在这项长跑运动中获得优异的成绩是十分困难的。能够在市场中获得巨大财富的人,基本都是遵守规则的。假如,你曾经在某个短跑时间段内得到过与上述规则相反操作而所得的利润,那也不排除你有运气的成分和市场给出的机会在里面,我所讲述的是长期保有可观的利润且评估交易成功率在偏中上水平,否则你依然处在偏弱的一方。

如何做好长期投资的准备和获得长期投资成功的赢利比例,除了需要时刻控制好自己的心态以外,还要掌握更多的专业知识。如,价格趋势的运动规则和图形形态的演变,对我们的投资效果起着重中之重的作用,缺乏这些知识铺垫的投资,就如同人们在行走过程中失去了双眼一般。因为价格趋势的运动规则与图形形态的演变会清晰地告诉我们何时买入股票或何时卖出股票，这是一门必修课，任何一位走向成功的投资人都没有理由丢弃它。在市场参与者当中往往会有两种人，利用不同风格的方式与方法在进行着每一笔交易，长线投资与短线投机，早已被市场人士认定并遵循着，但时而也会有人将其混淆，买入之初预想为短期有赢利便可一走了之，如若出现无奈被套的局面就将短期转为长期，待价格重新回到原来的买入点时再离场，这是一种错误的交易。如果你是个有头脑的人，可以试想一下从表面上来看，你的确没有丢失掉多少筹码，但是你却失去了一次很好的获利机会，因为在你买入后经历着价格的下跌、账面的缩水再到价格后期的重返，直至运行到你当初买入时的那个价位附近，无形之中你已经失去了很多，起码可以证明的是，在一波价格的上涨当中你没有任何利润可言。所以在决定交易之前，你必须要告诉自己，我的此次交易到底是定性为短期投机还是长期投资，不要走一步看一步，这样只会在交易过程中因价格的变动而随意改变你的交易规则，误将你带入灾难之中。

长期投资与短期投机的区别

在证券交易过程中，人们更多以激进的手法进行操作，短期快速获利的心态最为常见，目的是买入股票后在 3～5 个交易日内就能获得较为可观的收益。事实不然，牛市中很少有人能够在大级别行情中踏准每个热点中的强势个股，如果你当真具备了这样的本领，我想你就是中国的巴菲特。通常情况下是在接连踏准几个节拍后，就会有错误的交易出现，精神的过度紧张，会使你在一段时间后失去方向判断。

因此，短期投机与长期投资往往是矛盾的选择，长期投资持有股票时间较长，会失去操作股票的意义，而短期投机虽然满足了操作的意义却在获利多少的评估中不尽如人意。长期投资还是短期投机是个修炼沉淀的过

# 第一章
>>> 打开投资心灵之窗

程，它是参与者在交易中逐渐感悟出来的。正确的做法应是灵活变通的，根据市场的运行规则与个股股性进行针对性的分析，既有长期投资思维同时也具备短期快速获利的要求，两者兼备既不容易让长期走牛的黑马跑掉也能达到短期快速获利的目的。

长期投资与短期投机的方式方法

任何股票都有一定的操作价值。价值发现是投资者的重要功课，多种因素综合评估（基本面、技术面、消息面等）预期股价的可投资性。短期、中期、长期性的参与是价值的发挥。短期买入需要寻找一个买入的理由，例如，趋势的运行方向，价格形态的变化，潜力成长的依据都将在思考范围之内。短期看突破，中期看主流，长期看远景。一成不变只会让你错失机会。

假如你不能适应长期投资或者也无心去改变过去的交易风格，那我可以给你提供一套减少交易次数且可保有一定赢利的方法，这是我曾经花费很长一段时间总结出的一套短期投机的方法。

1. 价格出现低开时如何交易：首先需要了解市场的运行情况，譬如牛市行情中出现的价格低开，在个股方面通常是受到了利空的冲击。无论是什么情况，在形态没有完全走坏的情况下通过市场的狂热影响，这种走势很快就会得到修复，故，有激进投资者在价格出现跌停或邻近跌停时买入仍可获得很好的收益。判断的前提是上升行情运行中突然出现的回撤走势，这一方法对之前并无回撤迹象的个股实用性较强。相反，下降趋势中出现的低开走势禁用。

2. 价格出现高开时如何交易：价格出现高开是强势走势的一种表现，牛市行情中出现的价格高开，在个股方面通常是在平台突破时出现，如遇利好刺激或买单的接棒将会持续，甚至还会出现一字涨停板的连续走势。其判断标准是价格短期平台突破时的量能变化和投资人自身魄力，原则只有一个，无论是怎样的高开必须借助平台的突破才能更加有效。

上升趋势操作方法

1. 价格向上突破整理平台：这是多空双方力量争夺后得出的结果，多方占主要优势，此时买入相对安全，也是趋势形成后的相对低点。

2. 价格向上突破整理平台快速上涨，因做多动力不足而向下回落至原整理平台受到支撑，再次上涨时买入：这是做多资金的一次护盘，当价格向上突破平台一段时间后，缺乏市场分析人士的认同，并被确认为价格必有回归到整理平台附近的一种表象，其后的上涨将说明多头已做好充分的准备。

3. 趋势向上运行时，价格向下回落1/2止跌时买入：这是上升过程中的一种获利回吐，随着价格的不断上涨，短期抛盘开始呈现，是获利了结的逼空走势，但大方向并未改变，待价格下跌至1/2时，便会出现再次买入的信号。

4. 趋势向上运行时，价格向上突破近期回落高点时买入：这是上升趋势的再次确认，当逼空行情结束大量多头资金涌入时，价格便会形成继续创出新高的态势，往往在价格突破近期回落高点时，还有与前期上升幅度等同的行情，这种现象常被投资人称之为强中自有强中强，同时，也符合众多成功投资家的1/2买入法。

下降趋势操作方法

1. 价格向下跌破整理平台：这是多空双方力量争夺后得出的结果，空方占据主导优势，则预示价格上涨动力不足，从而形成打破平衡后寻找新的低点的一种走势，卖出股票为宜。

2. 价格向下跌破整理平台快速下跌，因下跌动力不足而向上反弹至原整理平台受到阻力，再次下跌时卖出：这是做多资金的一次护盘，当价格快速跌破整理平台后受到护盘资金的承接，但并未得到市场绝大多数投资者或投机者的认可，势必反弹至原整理平台附近时受阻回落，则为卖出信号。

3. 趋势向下运行时，价格向上反弹至1/2受阻卖出：这是下降过程中的一次反弹，随着价格的不断下跌与补仓筹码的增加将会出现诱多走势，待价格反弹至1/2时，因反弹无力所形成的新的走势。

4. 趋势向下运行时，价格向下跌破近期反弹低点时卖出：这是下降趋势的再次确认，当诱多行情结束大量筹码出现抛盘时，便会形成继续创出新低的走势，通常在这种情况下价格跌破近期反弹低点后，还有与前期下跌幅度等同的行情，这是自然形成的规律，同样符合众多成功投资家的1/2卖出法。

所以成功的投资或投机，均需要寻找到一套符合自己交易性格且赚钱的方法，或是短期投机或是长期投资，都是非常有必要的。

成功投资需具备的六个条件

投资随处可见，但不理想的成分永远存在。不是缺乏知识，就是缺乏时运或市场形式的不稳定等。总之，犯错之后总能为自己寻找出各种合理的理由来解释。其实，结果早已证明，任你怎样去解释，也无法改变犯错的事实，我的观点是：与其为自己的错误寻找合理的解释，不如寻找有助成功投资的方法。成功与失败，基本遵循这样一个原则：思想决定行为，行为决定命运。思想即为首，如不能经过正确、清晰的思考就贸然行动，结果必然会事倍功半。

成功人人想之，人人恋之。

翻阅各种书籍，模仿成功者的道路仍难以实现，原因何在？不妨尝试一下"成功投资需具备的六个条件"，也许对你会有帮助，照着一一改之，也许你会得到意外的收获。在市场中赚钱并非是难事，难的是没有找到符合自己的交易方法，人各有志，只是在成功的方式与方法上各有不同而已，也许某种方式或方法对于其他人可以用之，但对自己来说未必就能达到理想的效果。所以，如何将他（她）人成功的方法转变成自己的，除了融会贯通之外还要有符合自己的秉性和自我情绪的管控。

信念： 拥有一个持之以恒的心态，一旦下定决心就要努力去完成，任前方道路有多少坎坷，都要一一去化解，半途而废只会让你的努力付之东流，这样势必会让你走向成功道路时更加艰难。在虚拟市场中投资，

第一章
> >> 打开投资心灵之窗

更不缺少有这样性格的人存在,起初大家都抱着试试看的态度进入市场,经过一番交易之后,就会发现其中的难点。那么,接下来需要做的不是逃避而是选择,选择改变途径与方法,所谓的难点是对错误未能及时地纠正,使错误的概率继续扩大。坚定的信念就是在出现错误后继续保持一个乐观、积极向上的心态,将问题的根源找出来并去化解。

知识: 常言道"读万卷书,行万里路",才能走向成功。知识可谓是成功的启蒙老师,就如孩童时期我们都要读的《三字经》《百家姓》《弟子规》一样。在一个体制并不完善的市场中交易也是如此,机会随处可见,如何才能抓住机会,就需要大量的相关知识的储备。

如果你对K线的变动了解甚少或一窍不通,那么在价格动力转换时将很难在一个相对的高点或低点处进行交易。如果你不能对价格图形形态的演变做出正确的判断,那么你将很难决定下一步到底该如何进行操作。如果你不能提前发现趋势的运转轨迹,那将很有可能做出与趋势相反方向的操作。所以,在市场中参与交易,学习一些专业知识是非常有必要的,依靠或委托,将自己的命运掌握在其他人手中终将是一种错误。

耐心: 是一种意志力的磨炼。运用到市场投资当中相对更加贴切,因为在操作当中我们常常会因意志力不够坚定而错失赚大钱的机会,在信号明确提示为上升或下降走势中都未能很好地掌握节奏,只是因意志力不够坚定,害怕价格突然朝相反方向运行而提前离场,结果是价格非但没有朝相反方向运行,还持续了很长一段时间,且涨幅远超我们的预期。

一旦交易错误,其后的操作失败概率必会加大,因为你已经在价格的运行过程中出现了错误,虽然已有赢利,但预判已经错误,因为真实价格并未按你的预想运行,而是同卖出方向一致。为此,一个好的投资者或投机者就是在交易数量不多的情况下,尽可能做好每一笔交易,如若遇到自己无法确定价格的运动方向时，就会选择停止交易，然后耐心等待市场给出的机会。只有这样才能将错误的次数降到最低，使自己能够长期保持一个良好的心态去做投资。然而，所有的得失只在数字上体现而已，提高成功投资的概率才是你永久的财富。

勇气：壮士断腕的决心和战胜自己的勇气，是在投资过程中必不可少的利器，亮剑才能所向披靡，明知不敌也要亮出自己的宝剑，这是英雄气概的体现。前怕狼后怕虎什么事情都做不成，回想自己的交易是有多少次在缩手缩脚中因不能快速买入和快速卖出而丢失筹码。感觉价格将要上涨却不能快速买入，反之，感觉价格将要下降却又不能快速离场，偏偏要在价格的上涨过程中以自认为的心态感觉价格已经涨了很多而卖出股票。同样在价格的下降过程中又以自认为的心态感觉价格的下降已经很低，可能会快速反弹而买入股票，并在滑稽思想的驱使下进行着左右挨巴掌的交易。

市场是公平的，所有的不公只会针对那些违背市场运行轨道又无任何章法的投机者或投资人。假如你顺应轨道交易而不去假想，将那些所谓的可能抛到脑后认真研究价格的变动，在该出手时就出手，也不至于让自己陷入被动局面。凡是都要朝易处着手，勇气只有用在正确趋势的判断中才能起到大的作用，若是用在一个脱离现实的假想空间里则会让自己离成功越来越远。

健康：拥有一个健康的身体才能让我们的交易更加顺畅，投资是一项既耗心智又耗身体的工作，因为每天都要在不同行情演变中寻找买入或卖出的机会，稍有走神，可能就会错过交易的最佳时机。所以，不管在何种情况下，都要保有一个健康的身体，一旦身体不适，精力就不能集中，精力不能集中就可能做出错误的选择导致交易的失败。我记得在

# 第一章
>>> 打开投资心灵之窗

早年进入股票市场时,交易所里就有一些上了年纪的人在午间休盘时都拿出自己备好的饭菜去就餐,然后再找一把长条椅躺在上面休息,确保以充足的精力投入到下午的交易中。

凡事从易处着手,从小事做起,这是规律,以小胜博大胜,小胜多了就是大胜。这些道理人人懂得,却常常被忽略,当你发现自己身体欠佳时,想要做好投资更是无从谈起,因为你的注意力将会全部转移到你的身体上,所以,只有在保证拥有健康身体的状况下我们才能做好每一件事,做好每一笔交易。

资本: 金融市场是一个弹性的市场,在少量资金的操作下就有可能赚取巨额的财富。前提是你必须具备这个能力,在规避风险的同时能够准确研判并掌握市场的节奏,跟对趋势做对盘。例如期货与股票的不同,即有多少资金就可以买多少股票,期货则是在购买一定数量的合约后,需要留下足够的保证金,以备判断失误后价格的波动,防止爆仓事件的发生。所以,你手中持有的资金量的多少,决定着投资策略的选择。两者之间各有优势,例如当你手中持有少量资金时,你的操作就相对灵活一些,交易数量也不会引起市场人士的注意,任你是做短期投机还是长期投资都会游刃有余。当你手中持有着几亿或者几十亿、几百亿的资金时,就没有那么容易操作了。因为船大掉头难,在数量和时间上都没有小资金那么灵活,相比更为笨拙一些,这就是我为什么要一直强调做趋势的原因。

趋势为上升或下降都需要一个过程,一旦形成便不会轻易改变,并随着买盘的逐渐增加将价格继续推高。场内大资金投入者会选择长期持有股票而忽略其短期价格的波动,很多因素会使他们在价格出现快速下跌时无法卖出股票或快速上升时无法买进股票,业内投资人大多都有这样的体会，因此，当有人劝说你青睐趋势交易时，他一定是具有操作大资金经验的人。

使你走向成熟并可稳定获利的方法

如何从金融市场里获得稳定可观的收益？也许对于投资者或投机者来说都是一件不易做到的事情。不管你曾经是游走于股票市场还是期货市场，甚至是现货交易市场，不管你是新手还是老手，不管你是专业机构还是独立交易者，我想在我给出的"使你走向成熟并可稳定获利的方法"里，都会给你带来众多启发并有助于你快速完成你的交易目标。掌握技术分析核心要素、识别价格趋势运动方向、通过成交量对价格趋势进行有效验证、洞悉价格涨跌买卖力道、解读价格图形形态的演变、在少有的价格波幅中寻找赢利机会、娴熟的技艺和稳定的心态，这些是一个完整交易计划的必备要素。这些耳熟能详的技巧我们每天都在运用着，并不新鲜，可往往能让我们在市场中赚取利润的方法就在其中。成熟就是从盲目、不理性、道听途说到自主分析，从赔钱变为赚钱的过程。

学习技术分析，运用技术分析，判断信息真伪是每位成功投资者的必经之路，清晰的价格走势和具有变动规律的图表，可以让我们提前做出相对精确的交易决策。

掌握技术分析核心要素

技术分析不是心血来潮研究一个指标，仅仅掌握了某种K线运动特性或者是某个预测理论。研究技术分析者居多，但能够真正理解技术分析和运用好技术分析的人却很少。这并不奇怪，我要讲的是在市场中赚钱的方法确实会有很多，但那些赚钱的方法用在你的身上未必就会管用，要知道每一位能在市场里持续赚到钱的人都经历过亏损，很少能有人在刚刚踏入市场凭着玩弄几个指标就能赚得可观收益的。投资是为理性交易者打开通往财富之路的一扇大门，因为在趋势的运动规律中并非是激进投机者的操作空间，这不符合程序。研究技术分析理论，重点在于准确把握趋势和大环境的变化。趋势作为首要分析对象，辨明趋势的运动方向就是投资人做出交易决定的最好理由，一波趋势的形成不会像我们想象得那样很快就结束而是按照趋势运动的规律进行（通常运行时间都会在三周以上或数月，详细释点与案例将会在后续中讲到）。如何辨认趋势是否成立，以下两点将是你参考的答案。

1. 上升趋势：底部不断抬高，高点不断创出新高，并且K线图中显示出的阳线明显多于阴线。

2. 下降趋势：高点不断降低，低点不断创出新低，并且K线图中显示出的阴线明显多于阳线。

在趋势的运动中赚钱是再容易不过的事情了，任你做出怎样的交易策略，趋势投资将都会如鱼得水。趋势是由上升或下降一致决定的，在做多资金不断进入时某只股票价格就会在趋势的指引下不断向上攀升，反之，在多头资金不断套现后某只股票价格就会在趋势的指引下继续向下运行，这是规律而非猜测。

识别趋势的运动方向

识别趋势的运动方向，在日常交易中是一件非常重要的事情，因为，它可以指引我们走向财富天堂。"投资有风险，入市需谨慎"这是我们入市前交易所给出的风险警示，意思是当你站在利益与风险面前，第一时间你所看到是利益还是风险？这是一个极为重要的判断。从表面上来看虽没有太多的顾虑，可仔细思考却隐藏着很深的含义。人是风险的喜好者，利益的厌恶者，这是韦伯法则里的投资格言，在实际操作当中也证实了这一点，如价格朝某一方向持续上升或下降一段时间后，有人就会认为价格走势过高或过低而朝相反方向买入，这是对价格趋势的亵渎，也是假想操作的结果。如果你难以抵挡利益的诱惑而忽略风险的存在，那么你的投资结果必然注定是失败的，也许你会认为这样的解释不能令你满意，可事实就是如此。假如，你能换个角度去重新思考这个问题，自然就会明白。每一位聪明的投资者都会有所察觉，风险并不是告诉我们在某些方面不能做出决定，而是具有风险意识可以避免做错很多事情。以一个成熟投资者的眼光去分辨事实，忘记幻想，趋势自然就会呈现在你的面前。

趋势为上升也好下降也罢，其间必然会出现小幅下跌或反弹，这并不能代表趋势已经结束，反而更能说明趋势的持续性。俗话说得好，没有只涨不跌的股票也没有只跌不涨的股票，有涨有跌才能形成趋势。趋势通常由价格的不断上涨或下跌而形成，每次形成都会贴近相对应的趋势线或通道运行，大致段落可分解为四到五段的波幅运行，或是日线或是分时，皆是如此。辨明趋势的好处对投机者来说就在于顺大势而抢反弹、避回调，赚取价格反弹和回调间的差点，同样，对趋势交易者来说既可以顺势交易也可以在反弹或回调后进行仓位调整或建立新的买点。

成交量对价格趋势的有效验证

成交量不同于价格在上升或下降过程中都会逐步递增和递减，而是在价格上升初期或下降初期出现明显的放大。当趋势有效形成后成交量时常会平和运行，此种现象是当趋势发生变化时先知先觉者与机构投资人的预先拉升和出货，一旦趋势运行明朗则成交量的变化较为常态且并不明显，其原因是小资金的频繁交易，而大资金已做好了持有的准备，所以，在证券交易中除了较为活跃的股票外，多数股票都处在交易的常态之中，且不能形成快速有效的趋势。作为职业操盘手必须学会对趋势的追踪与把握，这是赚取更高收益的保障。为此，当你进行对成交量的研究时，需要结合自身的交易秉性，而非单纯靠成交量的变化来获得利润，成交量只是技术分析者验证价格趋势变化的一种手段，其作用就是在价格即将出现逆转时，通过成交量来确定未来趋势的运行方向。

简言之，成交量是在上升或下降交易时产生的，短期的表现相对模糊一些，而长期的量能分析更加清晰。例如，在一个横向运动的市场中，虽然有不断的上升与下降交易量的出现，但相比价格都在微小的波幅中上下运行，此时的任何买入或卖出，都难以保证收益且出错的概率较大。聪明的交易者会选择耐心等待，直至价格向上或向下突破并在有利于自己判断的一方运行时配合成交量进场。即便是碰到价格大涨或大跌也不要害怕，经过一番整理之后，仍有更大的上升空间或下降空间。相比，价格的最高点和最低点仍处在一个相对安全的位置上，详见后文价格运动一波三折之原理。

洞悉价格涨跌买卖力道

从动力学的角度来分析，价格的涨跌除正常运行外，还存在着助推的作用，例如价格在上升走势时，由于大资金的提前入场将价格不断向上推动，直至拉开上升空间并形成趋势。此时，在交易中所表现出的就是吸引更多的资金入场，并将价格向更高的点位推动，这便是大资金带动小资金不断进入市场推动趋势运行的原因。反之，当价格处在下降趋势时，由于大资金的提前离场将价格不断向下打压，直到拉开下降空间并形成趋势。此时，在交易中所表现出的就是恐慌资金的出逃，并将价格向更低的点位带动，这便是大资金带动小资金不断逃离市场推动趋势运行的原因。在大资金提前进入或提前撤出某只股票时，场内个股常以更加快速的上涨或下跌脱离最佳买卖点并形成短暂的停留。

需要确定的是在价格运行的过程中某只股票处在趋势的哪个阶段（上升初期还是上升末期，下跌初期还是下跌末期），并通过趋势涨跌动力指标判断其上涨与下跌的运行速率。

不同的价格运行区间，买卖力道都将起到不同程度的作用。买卖力道如同给出你一个买卖交易的规则，投资人遵守此规则行事并在其明确提示买入或卖出时进行交易。在我的实际交易中，有很大一部分利润都是遵循此规则所获得的，因为它常以惊人的表象出现在你的面前，如当价格运行到过高或过低时，无法正确判断出价格后期将要发生的变化时，动力指标将会给出你明确的答案并告诉你接下来所要做的决定。利润是在价格的不断上升中产生的，能够及时有效地掌握价格的变动并在买入后不再恐慌，做到进出心中有数，你就会成为高手。动力指标就是在买入后趋势朝某一方向持续运行时出现的短暂停留，洞悉多空资金的进出位置是否会就此结束本轮行情。假若在价格的调整过程中动力指标仍表现为强劲，则不必急于卖出，相信在价格的短暂停留后还会向更高或更低的方向运行，总之，在你还没有总结出更好的方法时，这就是你最好的获利工具。

解读价格图形形态的演变

解读价格图形形态的演变，是个极为烦琐的过程，在价格不断运行过程中常会以各式各样的图形演变。例如，我之前发表过的《让神秘的东西从此变得不再神秘》一文中所讲的，价格的图形演变不会是一成不变的，而是以相同的图表在不同的时间内反复出现。如，头肩顶（底）、双底双顶、三重顶（底）、三角形整理、V形反转等图形都会在几个相继运行的周期内出现，也许在一个大的图形演变中还存在着一个或数个小的不同类型的图表。

短线交易者更多关注的是分时图的价格变动与图形演变，而趋势交易者更多关注的是日线或周线的价格变动与图形演变，甚至更长。因此，对图形形态的分析是否能够起到非常有效的作用，取决于投机者和投资者自身。时间是决定因素。不同时间要采用不同的分析手段，两者混为一谈将不利于分析，甚至还会给你带来负面影响。

在形态解读中，大体可分为两大类型——持续形态和反转形态。持续形态包含：三角形、菱形、旗形、楔形和矩形，反转形态包含：头肩顶、头肩底、W形、M形、三重顶（底）、V形顶（底）和圆弧顶（底），每个形态的出现都有其特定的意义，既有在价格上涨或下跌初期的形态演变，也有在价格运行中的形态演变。当形态出现在价格运行的不同时期时，就要利用图形的演变来确定价格的运行方向与持续时间。

图形的识别，就是当价格处在低位或高位甚至是价格的中期阶段，能够有效地规避短期风险和在趋势改变以前做出正确的选择。

在少有的价格波幅中寻找赢利机会

少有的价格波幅是在大趋势形成后出现的稍许波幅运动,其上下涨跌幅度均有限,在这个阶段做出投资决定者,常常会被价格的波动扰乱心态,其操作难度就在于频繁交易,但也很难避免在这样的状况下不进入市场。因此,想要不被带入迷途并获得收益,掌握横向运动应对办法是非常有必要的,作为一名好的职业操盘手就是要在任何环境下都能做出敏锐的判断并及时改变操作策略。假如,当你发现买入后价格并未朝你预想的方向运行,且成反向运行但未向下或向上突破先前的低点或高点时,价格可能就会形成暂时的矩形整理,在有限的空间内反复运行。

如果你是一位习惯于以投机谋取收益者,那么在你确定价格整理区间内的波幅时,就应该做到低点买入高点卖出。这样反复操作,你就可以获得可观的收益了。例如002702海欣食品的股价在2015年3月24日至同年5月7日之间一直横向运动,这样的走势并没有给出明确的上涨和下跌提示,只是在一个相对平衡的走势中,长期上下摆动,所以在你掌握价格图形运动规律中的低点与高点的操作方法后,就完全可以从中赚到你所想要的。

娴熟的技艺和稳定的心态

对于投机者或投资者来说,熟练掌握各种技术分析方法有助于在价格常规和剧烈变动中及时改变操作策略,并可防止价格剧烈波动带来巨大损失。价格在大多数情况下都不会像交易者们想象的那么顺利,为规避价格突变造成的损失,只有一个办法:在实际交易中不断验证自己的判断并加以修正，直至判断与市场运行为同一方向时为止。要时刻牢记再好的分析方法也有与市场相悖的时候，能做到顺势操作已属不易。学习和研究只是为了减少犯错，而并不是因为你在学习和研究上付出了多少努力，就会在交易中不犯一点错误，追求小赔大赚才是对你学习和研究的最好回报。

因此，技术为手段，如何通过技术完成交易则在于自身。纵观国内证券市场发展已有20余年，但分析手段仍旧这些。换句话说在股票交易中大家使用的方法都大同小异，能够赚到钱的也未必会有三头六臂，只不过是在交易点位和时间把握上略胜一筹。切记不要被他人的谎言蒙蔽，因为在这个市场没有"神"，只有赢家和输家，赢家和输家的区别就体现在对技术分析方法的学习和研究上，赢家会不断学习和研究而输家则是在使用分析方法上稍有失误就会选择放弃并重新选择赚钱的途径。这是心态问题，一件事情能不能做成，信念很重要，比如在市场中有那么多人曾经学习和研究过各式各样的分析方法，但最终还是难改赔钱的命运。方法虽多但样样不精，到最后恐怕连为什么学习都很难搞得清楚了，在我给出的所有规则中并不提倡你要学习很多理论体系和分析手段，只要你能从中找到帮助自己赚钱的方法，我的目的就实现了。

技术与心态是相辅相成的，没有技术的心态只会在失败后坦然面对和宽恕自己，反之，忽略心态而重技术，只会让自己变得更加不可理喻，直至你的筹码全部打光退出市场。技术有助于稳定心态，稳定的心态和娴熟的技术，则可以为你赚取利润增加更多保障，将其列成公式就是：技术＋心态＝赚钱。赚钱不骄，赔钱不躁，一切以顺大势交易为前提，永不逆势操作。

证券交易
用模型策略战胜市场 >>> >>> >>>

遵守交易规则

也许你会认为遵守交易规则在实际操作中并不那么重要，瞬息万变的价格波动能否就按规则出牌，答案也许在你的观点中是否定的，也许你还没有意识到规则的重要性，也许你还在交易中摸索，也许你会认为只有赚钱才是根本。那么，现在就请你认真思考你赚钱的依据是什么，并说服自己，假如你不能说服自己，就请你遵守规则，也许遵守交易规则将是你最好的选择。规则可以告诉你如何进行交易，并在交易中有秩序地进行，而不按规则交易你将会在价格的诱使下跟随价格的变动而任意交易，如此一来可想你的赚钱概率又将会是多少。我没有权力和义务说服你必须按规则交易，只能说在投资中能够保持稳定收益者必然是遵守规则的。

规则是什么？规则是在实际交易中不断打磨出来的有效赚钱方法，是在无数个交易中加以检验并形成的一套符合自己个性的交易规则。规则成效的体现，就是在形成有效趋势运行时能够做到不因为短暂的价格回落和反弹而结束交易，在出现横向整理时不因为价格的剧烈变动而失去方向，能够时刻保持头脑清晰并通过交易规则来确定最佳买卖点。

小结：

正事之前必先正心，正心方能走成功之道。陈旧观念不能驾驭现代科技的发展及融入社会群体，我们需要不断修正固有观念，与时俱进，才能更好地掌握价格之规律。发现和改变是创新思维必然要走的道路，一切的成败，均取决于内心的强大和高瞻远瞩的远见，不受世俗文化所干扰,才有静以养心的行事态度。成功两步行,静心则可正心,正心才能正确、理性地去思考问题,发现问题,解决问题。

　　成功就是这样,当你具备一定的思考能力后,务必将自己的思想转换为行动,而在行动中不断总结、修正和加以评估,就会将所有的思想变为现实。倘若仅有思想而未能去实现,那便是一通空想,不如利用思考的时间,做点更为有意义的事,有意义的事就是要让自己满意。如果连自己都不能满意,那如何能让他人满意?所以,凡事虽不能完美,但要做到更好。在市场中也许你并不是最好的那一个,但要让自己成为更好的那一个。

第二章

投资策略与思维模式

> 市场是混沌的，但也是有律可循的。在万变的市场之中抓住趋势的主要波幅，以平和之心审视价格运动之规则，坚守交易之原则，便是一种投资策略和思维模式。

在混沌市场中寻找秩序

道氏理论

在科学研究领域内有一个新的理论叫混沌理论,它主张某些类型的自然活动具有混沌而不可预测的性质,仅能以概率来界定。例如,医生可以利用高度敏感的仪器监视并绘制心脏的跳动,但在某种情况下,心脏会进入随机的心脏纤维颤动期,随机而混沌的跳动,可能会导致生命危险。在此期间,心跳无法以数学模型预测。这种混沌的现象可能危及生命。研究者又发现正常人在注意力集中的时候,脑波也会呈现混沌的现象。在中医研究中也有类似的案例,当病人发现身体已有不适时,他们会主动去寻求医治的方法,而此时便是中医把脉查看病情的开始,通过脉搏的跳动规律来检查体内的病情并做出相对应的医治措施。

因此,我们要相信一个不争的事实,任何的研究与判断仅是概率而已,

证券交易
用模型策略战胜市场 > >> >>>

并非是万无一失。能在概率中不断提升自我，那也是一种突破。

混沌理论的研究理念是通过微小的波动，在变化开始可能产生巨大后果时做出判断。例如，比尔·威廉姆在其著作中曾对混沌理论的起因有这样一个描述：一只蝴蝶在巴西扇动翅膀可能会在美国得克萨斯州引起一场龙卷风。原因是：经典动力学认为，初始条件的微小变化，对未来状态所造成的差别也微小。但在比尔·威廉姆的著作《混沌操作学》里则认为"初始条件十分微小的变化经过不断放大，使其未来状态产生极其巨大的差别"。所以，在西方流传的一首民谣里，更是对此做了形象的比喻："醉了一个农夫，丢了一颗铁钉；丢了一颗铁钉，少安一副马掌；少了一副马掌，跛了一匹战马；跛了一匹战马，摔死一位将军；死了一个将军，输了一场战争；输了一场战争，亡了一个国家！"任何一套理论都有其专注分析的对象，或是由小到大，或是由大到小，或是研究其内在的波动，都因人而异，因价而变。在金融市场里投资，研究者众多，因个人的品行、习惯和对价格波动的理解程度不同，在使用分析方法时也会呈现出不同的表象。为此，价格的波动则是每一位金融参与者的首要研究对象。混沌理论与道氏理论的不同，就是两者之间都有其独立的分析对象，且两者之间都存在着互补的关系。简言之，混沌理论是从细微的变化中发现可能对未来价格变动造成巨大的改变，而道氏理论重点是对大环境变化的研究，顺应市场整体变化忽略小的波动或者是在小的波动范围内放弃操作，同时也并不会因为价格的微小变化而改变大的投资决策。时过境迁，在国内金融市场里研究并应用混沌理论者仅有少数，能够真正理解并运用好这套理论者更是凤毛麟角，多数投资人都是在道氏理论研究基础之上，再结合个人的一些观点而应用之。

道氏理论就好比是外科医生使用的高敏感心脏监视仪，它可以在概率的范围内，协助我们来预测未来事件。它不会告诉你变动发生的原因，但可以显示变动产生之前的征兆。它无法告诉你未来势必将如何发展，但可以提供给你未来可能的发展概况。可以说"道氏理论是一种根据普通常识推论的方法，由市场指数每天的价格波动记录来预测未来的市场走势"。

好的方法切莫误解

我们通常所说的道氏理论，是查尔斯·道、威廉·彼得·汉密尔顿与罗伯特·雷亚三人共同研究的结果。查尔斯·道是美国道琼斯公司的创办人，也是《华尔街日报》的创办人之一，在1902年过世以前担任该报的编辑，他首先提出股票指数的概念，并于1895和1897年分别提出美国道琼斯工业指数和铁路指数，因为他认为这两个指数可以代表两大经济部门的生产与分配，这两大指数至今依然存在。虽然在其过世以后仅留下5年的资料可供后人研究，但他在观察范围与精确性上都有相当的成就。

查尔斯·道本人并未将他的观点组织成为正式的经济预测理论，但他的朋友A.J.尼尔森却试图这么做，并于1902年出版《股票投机入门》一书。尼尔森将查尔斯·道的观点正式命名为现在我们所听到的道氏理论。

道氏理论不仅对股票和其他的价格波动有研究，还对经济有一定的预测性。价格先行，经济随后就是其最好的例证。如中国A股资本市场在2005年11月至2007年的10月间，上证指数由起初的998点一直涨到6124点，在股票市场的疯狂飙涨下，国内经济也是突飞猛进——GDP猛涨，不管你是不是股票市场的投资者都能非常清晰地感觉到。紧接着上证指数由2007年10月18日的6124点一直下跌到2008年10月28日的1664点，期间国内经济受到美国雷曼兄弟公司倒闭引发的全球性金融危机的影响，也处于萧条的阶段。而上证指数却在此止跌并出现反弹,之后一系列政策也随即出台。面对由局部影响到整体影响,A股资本市场则已经开始拐头向上,4万亿的政策投资也将起到成效。这样的描述也并非是要去证明道氏理论有多么出神入化,而是通过我对道氏理论的研究结果来告诉大家一个事实,以免产生误会。

在投资研究领域内,道氏理论被称为"技术分析鼻祖",之所以有这样崇高的美誉是和查尔斯·道本人的研究成果分不开的,在他提出的三个假设和定理中,已经将市场变动做了较为明确的说明。

道氏理论——假设

道氏理论三个假设是对市场参与者行为的一种诠释,即整体(指数)变动影响局部或个体(个股)变动,行为的释放将在价格上体现。

假设1:市场指数会反映每一天的信息,每一位对金融市场有所了解的人,他所有的希望、失望与知识等,都会在指数收盘价的变动中反映出来,基于这个缘故,市场永远都会适当地预期未来事件的影响(政府的行为除外),如果发生突发自然灾害,市场指数也会迅速对价格进行评估。

就这个问题而言,市场价格变动不会像气球一样在天空中到处飘荡。它代表一种严肃且经过周详考虑后的结果,对于眼光深远且消息灵通者来说,会根据已知的事件和预期不久将来可能发生的事件做出调整。以目前市场的状况而言,该假设仍然有效,任何主要市场的指数都将适用,包括商品、现货、基金、外汇、债券、货币等在内。有关这些市场指数的预先反映或经济预测的功能,并没有太多神秘之处,投资者在市场中长期参与,就会在他们认为最有利于自己的一方调配资金,或是个股或是其他衍生产品,都会根据过去的业绩、个人的偏好以及未来的预期因

第二章
> >> 投资策略与思维模式

素等进行评估。任何的投资都希望赢利。在可以生存的情况下，尽可能获得更多的利润，正确的选择与投资将获得报酬，而错误的选择与投资将会蒙受损失。

在金融市场中我们也不难发现，投机者与投资者的行为将决定着是否能够做出正确的投资选择并获得利润。市场指数每天都在变动着，违背市场走向逆势而行者比比皆是，蒙受损失者也大有人在。这不是市场指数的错，而是投机者与投资者的行为所导致。市场指数只是在履行着一种程序，这种程序体现着参与者的赢利比率。希望与失望的背后，总是会纠结着一些令人难以判断的问题，时常还会隐藏着更大的灾难和财富，这是市场参与者的行为所致。预期的判断和行为促使结果成立，试图改变现状扭转局势必然是煎熬后的另一次喜悦，选择投资品种然后定方向，价格变动的同时反映着信息。一切信息将会在价格变动中显现，因为它代表着绝大多数参与者的想法和即将要付诸的行动，如果你能将其掌握并提前发现市场绝大多数参与者行为的话，就如同医生发现患者的病原一样，只需对症下药就可很快治愈。

假设 2：人为操纵，是指指数每天的波动可能受到人为的操纵，次级折返走势也可能受到这方面的影响，但主要趋势绝对不会受到人为的操纵。该假设是根据股票市场非常庞大和复杂的情况而立论，任何的团体和个人都无法长期影响整个股票市场的价格。这是道氏理论的重要根据，因为整个股票市场的价格如果可能经个人意愿而改变，那么，观察市场指数便没有了任何意义，除非你想了解操纵者的意图。

不要过于高估人为操纵（包括个人与集体）的严重程度，那只是投机失败后对人为操纵的一种指控，是用来推卸自身责任的一种借口。就以目前市场状况来看，所谓人为操纵是起不到任何作用的，不仅现在，我想将来也是如此。因为在市场长期处于低迷或高涨阶段时，人为因素无法改变趋势的正常运行，对于一些长期参与市场投资或投机的人来说，我想这一说法是不太难理解的。虽然你无法改变市场的运行秩序，但你有能力改变自己的操作，在假设1中已经讲到，选择品种然后定方向，这是你力所能及的事。不管你是因为何种原因进入市场或陷入困境，都不要怀有憎恨的想法去埋怨市场。市场是公平的，虽然它给你提供了一个交易平台，但无法左右你进入市场的情绪并责令你停止一切行动，也许换一种思维你会更加真实地了解市场。

我们并不是市场的信徒，而是真真切切的实弹供给者，当市场需要我们进攻时便毫不犹豫地参与其中。相反，当市场并不那么需要我们时，也不要勉强为之，而应顺应趋势全部撤出，既不伤人也不伤己，何乐而不为呢？

假设3：这项理论并非不会错误，是指道氏理论并不是一种万无一失可以击败市场的系统。成功地利用它协助投机行为，需要深入的研究和客观的判读，绝对不可以让一厢情愿的想法主导思考。

市场参与者由人组成，人都可能犯错。在每一天或每一笔交易中，如果一方正确，那么，另一方就会错误。虽然市场指数是代表一种净结果，或市场参与者对未来判断的集体智慧，但历史告诉我们，在实际行动中有数以百万计的人还是会犯错，任何市场都不例外。然而，市场有着一种特性，容许参与者们迅速修正他们的错误，不要苛求哪一种分析方法会保证你无忧地参与市场，假若是这样，那参与市场的人们就没有错误可言。在概率的范畴内，不断加深自身对各理论体系的研究，同时积极从错误中吸取教训，适当地修正和评估市场的风险。

有效市场理论便是一个典型的例子，它的主要论点是在电脑与网络普及化的条件下，信息的传播是非常迅速而有效的，所以任何方法都无法击败市场，它仅是道氏理论的一个假设。市场指数会反映每一条信息，这实在是无稽之谈。有效市场理论认为，每个参与者都有同时取得一条重要信息的可能，虽然这种假设相当荒谬，但每个人对重要的定义未必相同。即使每个参与者同时取得了一条重要信息，也还是会根据自身的理解和偏好做出反应。如果每个参与者掌握的信息都相同，而且反映到市场也都相同，那么市场就根本无法存在了。务必记住，市场的存在是为了促进交易，交易之所以会产生，是因为参与者对价值、价格的偏好和判断不同。

在道氏理论的假设中，市场指数是具有预测能力的，是因为它在统计上代表一种市场的共识，这种共识是由金钱来表达的。总的来说，价格取决于人们的判断和偏好，如果你问场内的交易员或市场的分析人士，今天某只股票的价格为什么会上涨，他们会半开玩笑地告诉你，今天的上涨明显大于下跌，反之，下跌明显大于上涨，这个问题回答的真正意思是，我不知道为什么，但场内的资金流动代表着市场的主要看法。

作为证券市场投机者的基本工作是识别主要价格影响因素，它们会驱动或改变参与者对价格变动的看法，因为它会反映市场大众对金融事件的理解，所谓的金融事件，涵盖面很广，包括政治与经济的影响以及消息的影响，因为这些因素仅能在历史的范畴内发挥作用，你最多可以辨识过去的因素，并以此预测未来。某些因素在整个历史过程中始终有效。

道氏理论——定理

道氏理论定理中明确提出价格趋势的运行方向和变动规律，顺应此规律操作，便能发现道氏理论在实际操作中起到的真正作用。而且，道氏理论曾有这样的描述，并对基本运动、次级运动、日常波动以及量能的变化做了较为详细的说明。

定理 1：市场存在三种走势，这三种走势可以同时出现。第一种走势最为重要，它代表价格的主要变动趋势，整体向上或整体向下的走势，被称之为牛市或熊市，运行时间都在一年以上甚至更长。第二种走势相比第一种走势，更加令人难以捉摸，它是次级折返走势，是上升趋势中的重要下降走势，或是下降趋势中的重要反弹走势，修正走势通常会持续三周或数月的时间。第三种走势与上述两种相比并不重要，它是每天的价格波动走势，被称之为日常波动，持续时间通常小于15天。

无论是股票市场中的指数与个股，还是其他金融衍生产品，都有三种趋势：短期趋势，持续时间通常小于15天；中期趋势，持续时间通常在三周至数月；长期趋势，持续时间通常在一年以上。在任何市场中，这三种趋势必然同时存在。

基本运动

基本运动对于投资人较为重要，也最容易把握。但对于投机者却并不那么重要，因为投机者并不需要考虑长期趋势的变动，他们更多关注的是中期和短期价格的变动。因此，一般作为投资人分析价格长期运动方向时的主要考虑因素，这是获利的前提，否则将很难确定投资方向并从中获利。

次级运动

次级运动对于投资人来说较为次要。这是主要上升趋势的回调或主要下降趋势的反弹。而对投机者来说，却是一种最为青睐的走势。因为它与长期趋势的方向可能相同，也可能相反。如果中期趋势与长期趋势严重背离，则被视为是一种折返走势或修正，对次级的折返走势必须要做谨慎评估，不可将其误认为是长期趋势的改变。

日常波动

短期趋势与长期或中期趋势相比,是最难预测的一种走势,唯有交易者才能随时考虑到它。投机者与投资者仅在少数情况下才会关心短期趋势,在短期趋势中寻找适当的买卖机会,以追求更大程度的利润或尽可能地减少损失。(见图 2-1、图 2-2)

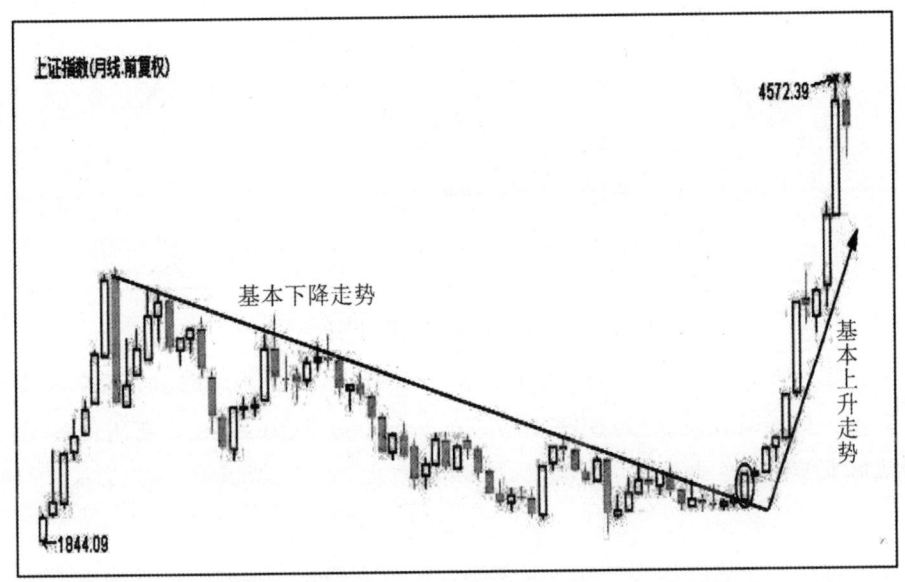

图 2-1　上证指数月 K 线图

注:上证指数于 2014 年 7 月 31 日为 2201 点,有效突破长期下降趋势。作为职业投资人当时我们做了如下几点安排,经团队共同研究、讨论决定,对未来主流板块可能的形成,制定了较为缜密的交易计划,其运行结果都在一一实现,这只是对未来牛市行情的肯定。

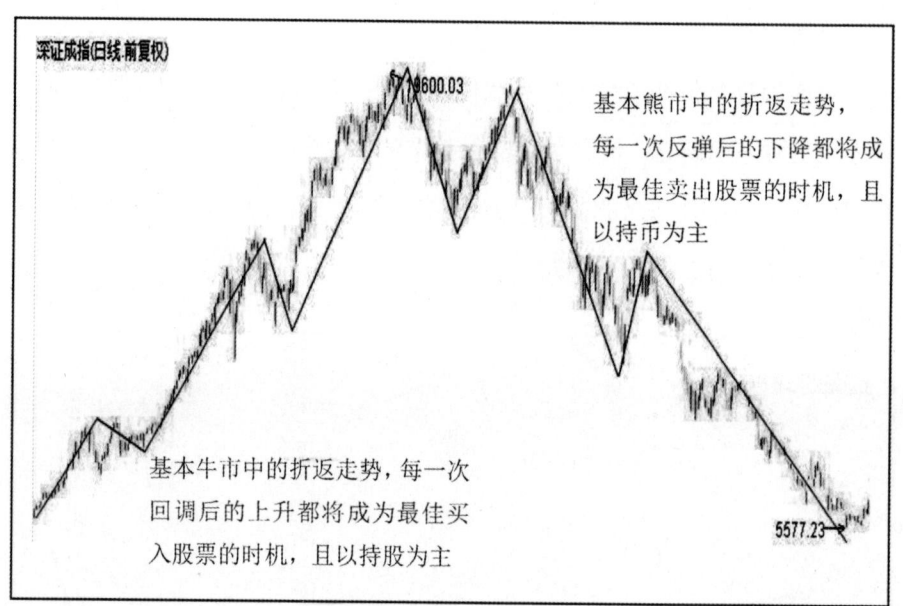

图 2-2 深证成指日线图

注：深证成指 2006 年 10 月 20 日—2007 年 10 月 10 日期间基本运动牛市下的折返走势和 2007 年 10 月 10 日—2008 年 10 月 28 日期间基本运动熊市下的折返走势。

将价格走势归纳为三种，并不是一种纸上谈兵。投资人如果能够了解三种趋势的变化，并专注于长期走势的演变与运行，也可以在长期趋势运行过程中，通过逆向的中期或短期趋势的升降来提高获利能力。其实获利的方法有很多种，大多是由价格的变动情况而决定。第一，如果长期趋势是向上运行的，那么投资者可以在价格向下回落时卖出股票。第二，投机者可以在长期上升趋势向下回调时卖出股票并持币观望，待价格向下调整结束重回上升时再次入场。第三，由于价格向上或向下出现折返走势，均有一定的涨跌空间，投机者还可在辨识价格变动范围的基础上进行适当的短线交易。

第二章
> >> 投资策略与思维模式

之所以有这样的描述，是因为在某些股票中，短期价格波动所带来的收益也较为可观，通常都会有上述三种走势描述的情况发生，具体的操作方法我会在第八章第三节（持续赢利与快速获利的两个基本原则）中再次讲到。

综合目前国内金融市场的状况来看，更多的投资者将会选择中期趋势和短期趋势的把握，也许是为了规避风险也或许是套利的一种方式，短期价格的波动幅度明显加大并随势运行。基于这个缘故，个人认为中期趋势与短期价格波动的掌握，可以让参与者获取更大的收益（条件允许的情况下），需要注意的是，当你选择中期趋势的投资或短期趋势的操作时，你必须要了解长期趋势的运行根源，只有这样才能保证有赚取市场最大利润的可能。

定理 2：大趋势具有三个阶段，分别为长期趋势（基本牛市或基本熊市）、中期趋势（基本牛市中的重要回调或基本熊市中的重要反弹）、短期趋势（折返走势中的日常波动）。

在股票市场中指数的长期上涨和长期下跌，往往与经济的变化有着一定的关联。简言之，当股票市场指数呈长期上升走势时，市场经济的变化也一定是上升的。反之，当股票市场指数呈长期下降走势时，市场经济的变化也一定是向下运行或不景气。

作为金融市场的参与者，我们无法也无力去解决市场经济的运行问题，但可以通过对指数长期趋势的判断来调整自己的投资策略。时刻要牢记，你不是市场经济的掌控者，而是金融市场的投资者或投机者。唯一能做的事，就是在价格变动中牟取利润，寻找价格趋势在变化中给出的每一次赚钱机会。要问趋势为什么会形成，形成趋势的有效运行时间是多长，除定理 1 的描述以外，我想再没有更合适的答案了。

市场参与者的三种类型

1. 先知先觉

先知先觉者具有较高的独立分析能力和实盘操作经验,能够在价格趋势变动中迅速做出反应,并找到最为合适的买卖点,且时刻保持一种平和的心态,有着对市场的深刻理解。

2. 后知后觉

后知后觉者通常不具有独立分析的能力,且实盘判断能力较差,从众意识较强,虽不如先知先觉者思维敏锐,但在价格趋势有效形成后伴随趋势运行的方向,也能获得一定概率的胜算。

3. 不知不觉

不知不觉者几乎无任何分析能力和自我认知能力,常以市场交易者的身份出现,频繁交易是他们首要考虑的问题。进出较为迅速,趋势的运行方向则不在其考虑范围之内。

大趋势具有三个阶段

1. 上升趋势中的三个阶段

第一阶段:积累阶段,即熊市即将结束,牛市即将开始阶段。市场一切不利因素将会消失,投资者信心逐步恢复,并由之前的下降走势变为平缓或已向上运行(此处通常是筹码聚集的地方,且在价格波动上增减幅度有限)。

第二阶段:稳步上涨阶段,即熊市结束后,由于买入筹码的聚集在价格趋势上表现出不断稳步上涨的迹象。投资者或投机者的信心已完全得到恢复,成交开始日益活跃,先知先觉者已提前进场,后知后觉者在伴随价格向上攀升时跟进,随着市场买盘的不断增加,价格呈快速上升走势。

第三阶段：折返过渡阶段，市场参与者一致看多时，先知先觉者已将利润收入囊中，而后知后觉者与不知不觉者则疯狂抢筹，随着价格不断向上攀升，后知后觉者也逐步出逃，价格呈滞涨之势。

2. 下降趋势中的三个阶段

第一阶段：反转阶段，价格高位震荡，舆论市场大众仍看好后市，但价格呈滞涨或开始下降。投资收益明显下降，先知先觉者套现离开市场并已持币观望，后知后觉者开始观望而不知不觉者还在参与。

第二阶段：稳步下降阶段，价格趋势已经明确，市场投资者和投机者一致看空，成交开始日益活跃，后知后觉者在伴随价格不断向下运行时补仓摊低成本，由于套利持币者的不断增加，价格呈快速下跌走势。

第三阶段：折返过渡阶段，市场参与者一致看空时，先知先觉者开始入场布局，而后知后觉者与不知不觉者仍继续卖出股票，随着价格不断向下运行，后知后觉者已对市场完全失去信心，价格呈止跌之势。

定理3：指数相互间有一定的关联，是指指数与指数之间的相互影响。如上证指数与深证成指，在常规运行过程中一般为同步运行。若市场出现大的变动时，两个指数之间就会形成背离走势，并预示价格趋势将有大的变动。

1. 上升趋势中出现的背离：通常在价格运行一段时间后或呈长期上升走势时，因受各种因素的影响，在相对高位出现的背离。例如，上证指数呈上升走势并创出新高，而深证成指则与其相反或未创新高。

2. 下降趋势中出现的背离：通常在价格运行一段时间或呈长期下降走势时，因受各种因素的影响，在相对低位出现的背离。例如，上证指数呈下降走势并创出新低，而深证成指则与其相反或未创新低。

两者之间没有固定的说法，无论是上证指数与深证成指背离，还是深证成指与上证指数背离,均为有效背离。同时预示着价格将经历较为漫长的调整且幅度较大。聪明的投资人将会根据指数的变动情况来择优选择强于指数的板块或个股。可以运用指数间的相互对比,若指数进入下降末期或止跌时,那么,所要选择的板块与个股一定是强于指数的。反之,当强于指数运行的板块与个股提前出现向下运行时,那么,指数在后期将与某主流板块呈一致走势。(见图2-3、图2-4)

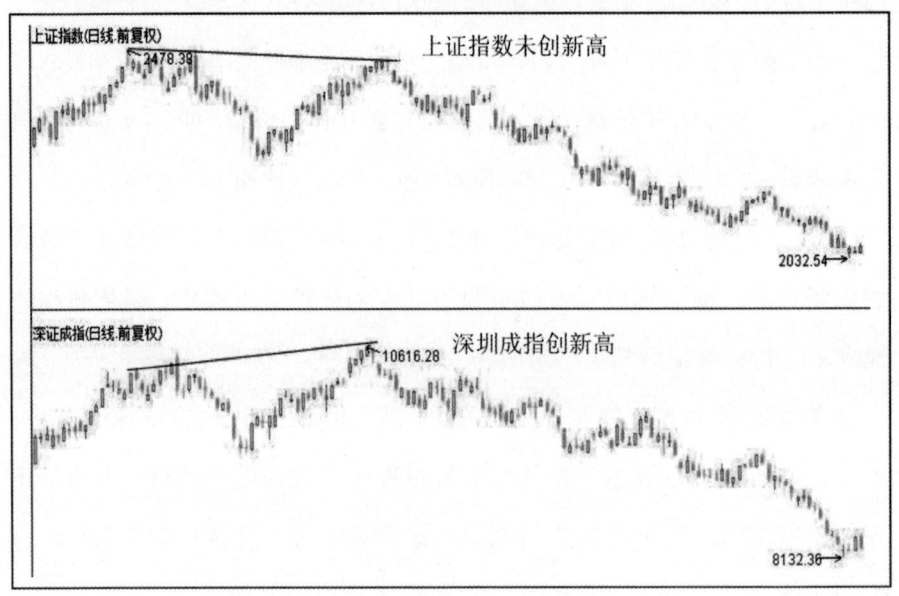

图 2-3　上证指数与深证成指日线顶背离对比图

注:A股资本市场指数之间的对比:每当两个指数之间出现顶背离现象,其后都有较为漫长的下降走势。因此,无论是指数与指数之间还是指数与个股之间,出现背离都会有同样的预判效果。顶部背离预示后期价格将有大幅下降的走势出现,选择手中股票——卖出,相反,底部背离预示后期价格将有大幅向上的走势出现,选择买入个股为最佳操作。

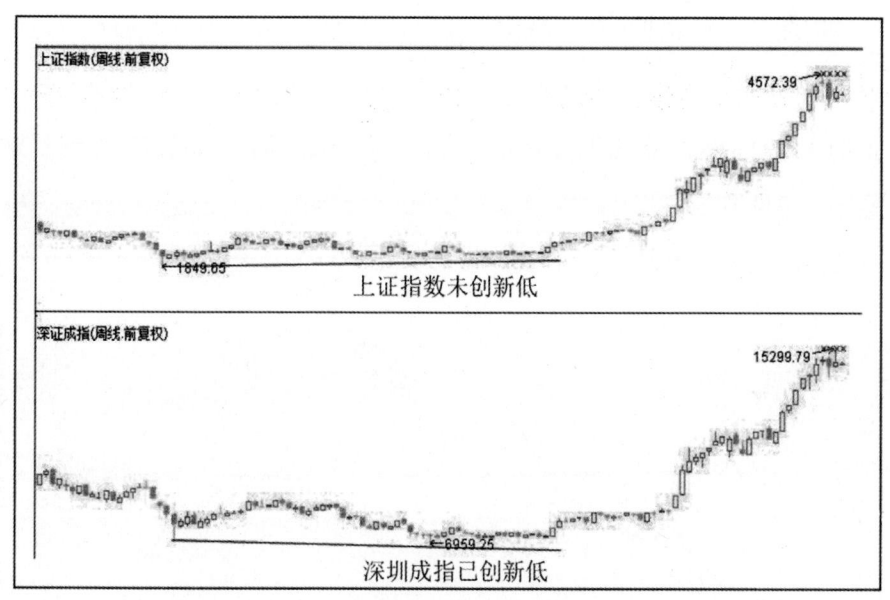

图 2-4 上证指数与深证成指周线底背离对比图

注：上证指数与深证成指两者间的底背离走势，即上证指数未创新低，而深证成指已创新低，其后价格出现较长时间的上升走势。因此，顶底背离无论是在哪个市场中使用，都将能起到很好的预判作用。

定理 4：成交量有助于价格趋势的变动并呈现价格变动方向，是分析人士判断趋势转折的一种手段。除价格稳步上升与下降外，通常情况下只有在趋势出现较大转折时才会有较明显的量能变化。

股票市场成交量的变化

股票是单向交易，成交量的变化常根据价格的变动而变动。如上升趋势运行过程中成交量的变化，通常是以伴随价格的上涨而不断增加。相反，在价格进入下降趋势运行中，量能的变化则与价格呈一致方向逐步递减。通俗地讲，股票市场成交量变化是随趋势而变动的。当市场参与者在明确趋势的前提下，对价格预期的上涨与下跌偏多时，成交量便会倾向于那一方。

因此，当股票进入相对高位或低位时，因参与者对预期收益产生迷茫或恐慌时，将会选择暂时离场，等待趋势出现明确的变化时，再重新进入市场。此时，成交量变化则由价涨量增、价跌量缩转变成价涨量缩、价跌量增。（见图2-5）

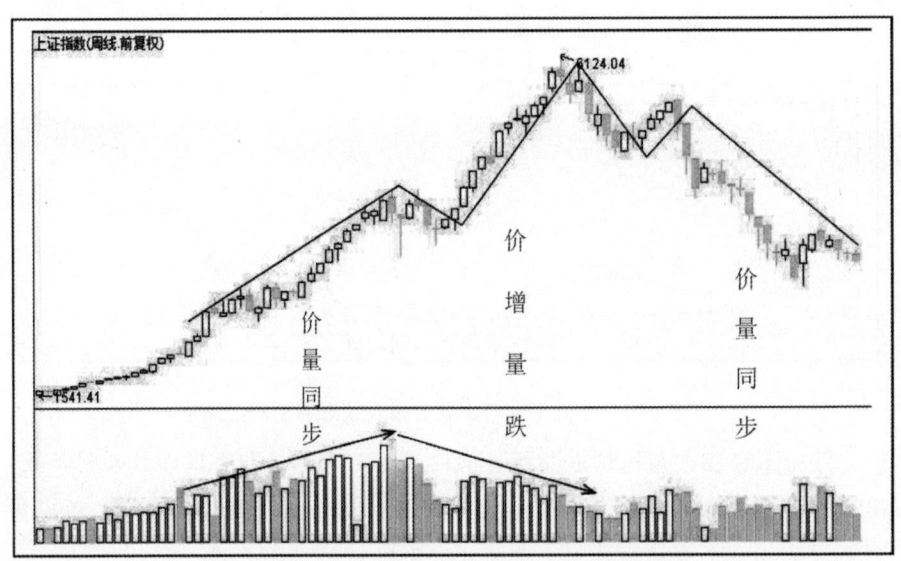

图2-5　上证指数价量对比图

注：价量配合在不同时期，即上升、下降以及转折期的价量变动情况的对比。

上升时期成交量的变化

1.上升初期：价格走势呈长期低迷状态，想要恢复投资信心，必然要用相当高的价格来吸引投资者进入，并以此激活市场，否则将继续低迷。量能的变化，就在于市场参与者对价格运行方向的信任。

2.上升中期：当价格向上持续一段时间后，市场绝大多数参与者都认为价格将要持续并向更高的价位继续运行时，便会涌现出源源不断的资金进入市场。此时，市场将是一片好转且收益率大大增加，是投资者或投机者最好的获利时期，价量配合也较明显有效。

3. 上升末期：价格呈上升状，但幅度有限且收益率逐步降低。虽市场仍存在做多气氛，然资金供给明显不足。稳健者选择离场，而激进者选择参与。预示趋势是否转折量能便是最好的观察哨，如价量配合有序，不排除还有上升空间，反之，如价增量减，市场必然会因供血不足而选择向下。

下降时期成交量的变化

1. 下降初期：价格虽将向下运行，但市场参与者并未完全失去信心，普遍情况都会选择补仓，以此来降低持仓成本，并渴望价格重回涨势。虽然这并非是明智之举，却成为大众参与者的一种操作习惯。因此，成交量的变化并未像我们想象得那样糟糕，而是随着买盘量的不足逐渐减少。

2. 下降中期：价格运动方向已经明确，且多数持仓者账面均为负数，根据人的天性，很难在亏损时卖出股票。意念会帮助他们寻找出无数个继续持股的理由，此时的量能变化，则是由那些仍然抱有幻想的人们加码买入而形成，相比价格则会越走越低。

3. 下降末期：价格说明一切，在市场参与者一致看空市场时，很难出现较为明显的成交量。因为绝大多数人已经选择停止交易，价格走势几乎很难弥补他们内心的无奈与绝望的空缺。此时，大众投资者所能看到的就是价格不断走低，成交量继续低迷，量能的表现仅是地量地价。

定理 5：唯有确切的反转信号，才能证明原有趋势的终结。当价格没有完全突破原有趋势运行时，勿要逆势而行。

面对利益的诱惑，很多人都会选择以激进的方式来呈现内心的冲动。低点与高点是相对的，并非是绝对的，在你发现价格进入相对低点与高点时，第一时间需要关注的是价格即将运行的方向，而不是价格的变化。假如你耐不住寂寞做出不合理的选择，那么就请上帝来保佑你吧！假如你能以冷静平和的心态去面对现实的话,我想在趋势明确提示转折时,仍有很大的获利空间。

查尔斯·道之所以提到"唯有确切的反转信号,才能证明原有趋势的终结",主要是投资人和投机者在进行实际操作时,难以控制内心的冲动而做出反应。能在价格低点或高点进行买卖固然是好事,可事实证明此种做法是可遇不可求的,并非在每一次交易中都能把握得那么精确。有着数以万计的参与者,都在把握极度精确的低点和高点时倒下,其原因是此种操作方式的成功概率极其有限,多数情况下都以失败告终。把握趋势转折信号的重要性要远远胜过预测,更大的利润是来自于趋势的中间段,而非是价格的低点与高点。低点与高点往往会在趋势形成以后才能确定。因此,聪明的投机者只会在自己有把握时才出击,在风险来临时撤离市场,杜绝一切脱离事实的行为。

适时观察价格的变动方向,让自己成为顺应者

趋势理论的定义

众所周知,趋势已成为投资者或投机者获利的一把利器,顺应趋势操作带来的利润是极为可观的。它的优点在于,在证券市场交易中,通过对趋势运动方向的把握,可以获得更高的利润。倘若没有对趋势产生极度的

信赖,并违背趋势操作,你终将是一位参与者而非赢利者。

何为趋势?趋势是由一系列波谷与波峰或波峰与波谷,连绵不断组成。即上升趋势,波谷与波峰逐步向上移动,期间虽夹杂着小的回调,但价格不会低于前期回调的低点;下降趋势,波峰与波谷逐步向下移动,期间虽夹杂着小的反弹,但价格不会高于前期反弹的高点。

分析趋势的意义

分析趋势的意义在于对价格运动方向的辨识。多数人通常都有着不同的理解,且疑惑甚多:1.认为趋势只有在走出来以后才能发现,且价格已经进入高位。2.发现趋势转折信号时,不能确定成立与否,调换周期加以验证而错过最好的进场时机。3.对趋势研判产生恐慌,当趋势发生转变时进入市场,但价格呈反向运行,反复操作将会失去理智。然而,纵有诸多因素,也无法掩盖事实的真相,趋势的必然形成有着一定的规律。分析者的任务就是在具有规律运行的趋势当中,寻找、捕捉可以赚取最大收益的转折点。

趋势运行随大众心愿运动,由市场参与者认同而决定。从心理学的角度来分析,当价格处于相对低位时,绝大多数参与者均会产生上涨预期而投入资金,相反,在相对高位时,将会产生下跌预期而撤出资金,这是参与者的预期想法。但市场价格的变化常常会超出人们的想象,当人们有畏惧心理时,其实价格处在安全的点位。恰恰相反,当人们认为是最安全的点位时,价格仍将会有新的低点或新的高点出现。这主要是市场不确定因素太多,受各种因素影响而出现的暂时性价格变化并不奇怪,奇怪的是我们不坚定的信念,让自己一次次的分析结果付之东流。

趋势的形成,在时间上并不固定。不同周期内对趋势做出的分析,都将有所不同。例如你是一位短线投机者,那么,主要分析对象可能是分时上的价格变化。而对于其他周期,也许你未必会那么重视。所以,在对趋势做分析时,也是因人而异的。换言之,如果你是一位中线或长线投资者,那么,对于日内分时的趋势变化就并不那么在意了。不过,无论你是投机者还是投资者,对趋势的分析方法始终是一致的。

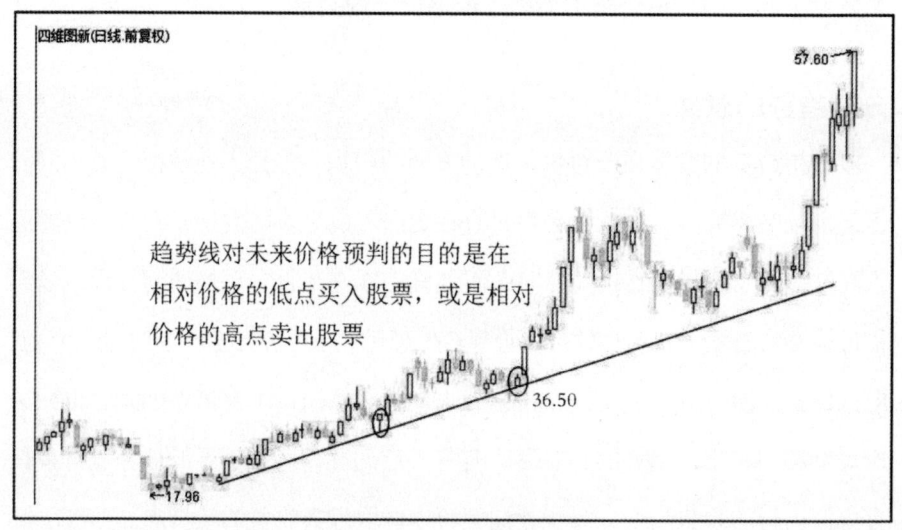

图 2-6　002405 四维图新

注：上升趋势价格每一次向下回落至趋势线并受到支撑,再次向上运行,便是最佳的买入时机。在 36.50 元重仓买入四维图新的依据,就是对趋势线信号指令的执行,才使收益快速增加。

上升趋势结构分析：如图 2-6 所示,由两点构成一条上升趋势线,并无限延长。其分析手段则是通过一条笔直的线条,在相对低点与次低点间进行连接,利用直线的延伸对还未发生的价格波动进行研判。若价格波动空间在趋势线之上,且每一次回调都受到趋势线的支撑,那这条上升趋势线的作用就非常有效。反之,若价格向下回调至趋势线附近,并未受到有效支撑而跌破趋势线时,表示趋势已经发生改变,原有的上升趋势线将会转变成未来反弹的压力线。

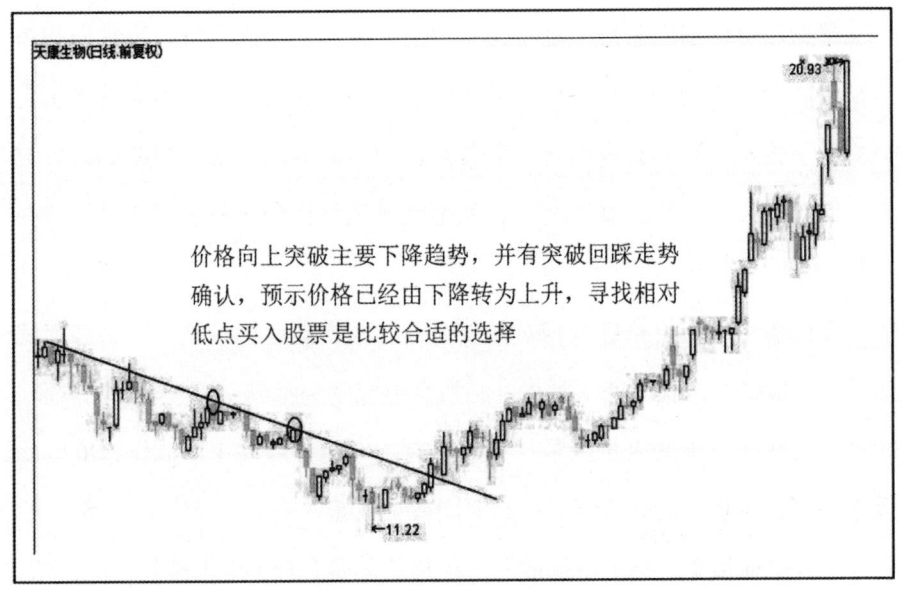

图 2-7　002100 天康生物

注：下降趋势中的价格变化，即每次向上反弹至趋势线受阻再次向下回落时，便是卖出股票的最好时机。向上突破下降趋势，表示原有趋势已经发生改变，新的趋势即将形成。

下降趋势结构分析：如图 2-7 所示，由两点构成一条下降趋势线，并无限延长。其分析手段则是通过一条笔直的线条，在相对高点与次高点间进行连接，利用直线的延伸对还未发生的价格波动进行研判。若价格波动空间在趋势线之下，且每一次反弹都受到趋势线的压制，那么此条下降趋势线的作用就非常有效。反之，若价格向上反弹至趋势线附近，并未受到压力而突破趋势线时，表示趋势已经发生改变，原有的下降趋势线将会转变成未来价格回调时的支撑线。

平盘趋势

平盘趋势即横向整理运动，是指价格上下波动空间有限，呈横向趋势运动。既没有明确的上涨也没有明确的下跌走势，是一种无方向的平衡走势，对于技术分析熟练者而言，应该是运用横向运动之交易策略的最好时机。而对于技术分析朦胧者而言，如不能发现价格的运行规律，最好的办法就是放弃操作。

低位横盘：指价格进入相对低位时进行的横向运动，是低位蓄势上涨信号。当价格经过长时间下跌后，必然会形成多头示弱、空头匮乏的现象，此种现象在图表中的表示则是，突破原有下降趋势后并未形成快速有效的上涨，而是在某一区间持续运行，时间或长或短。

上升中途横盘：指价格形成有效趋势后，在上升途中出现的滞涨行情，看似上涨有压力下跌有支撑，是动力转换的一种先兆，若市场看涨气氛强于看跌，则价格经过短暂休整后还会选择继续上行，反之，若市场看跌气氛强于看涨，则价格将有可能向下或选择继续整理。

下降中途横盘：指价格形成有效趋势运行后，在下降途中出现的止跌行情，同样是动力转换的一种先兆，若市场看跌气氛强于看涨，则价格经过短暂休整后还会选择继续下行，反之，若市场看涨气氛强于看跌，则价格将有可能向上或选择继续整理。

高位横盘：指价格进入相对高位时进行的横向运动，是高位转跌下降的信号。当价格经过长时期上涨后，必然会形成空头示弱、多头匮乏的现象，此种现象在图表中的表示则是，跌破原有上升趋势后并未形成快速有效的下跌，而是在某一区间持续运行，时间或长或短。

趋势的突破

辨认趋势是否有效突破，首先要确定趋势的运动方向。运动方向不同，其分析得出的结果也将不同。合理评估趋势的运动方向，才能得出有效判断的结论。将周期确定为日线，那将是日线的突破，将周期确定为分时线，那将是分时线的突破。因此，趋势的有效分析需要考虑两个问题：其一是趋势的运动方向，其二是分析时选用的周期。（见图2-8）

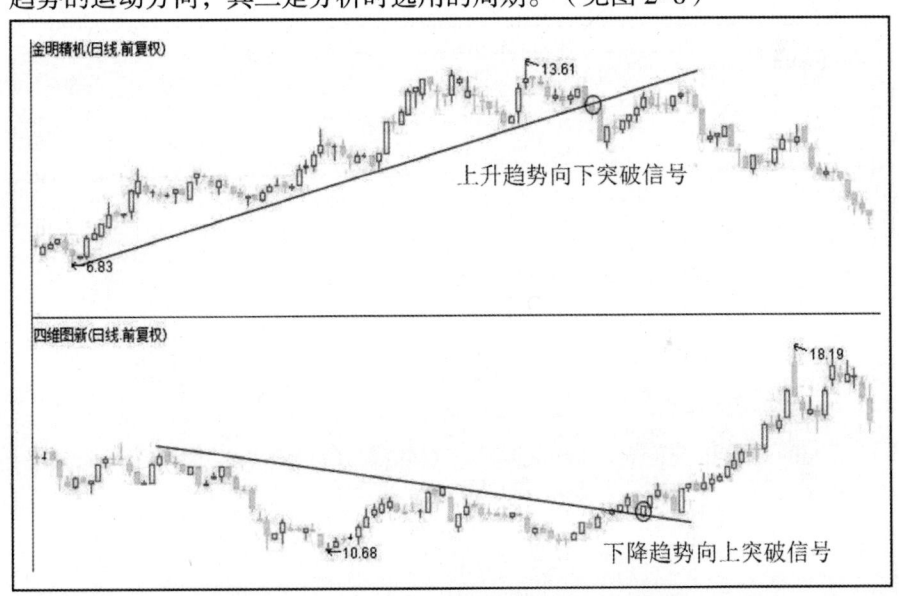

图 2-8　300281 金明精机与 002405 四维图新

注：趋势线的无限延长及对未来价格运行方向的预判，即向下突破与向上突破后的价格变化。向下突破预示上升趋势结束，向上突破预示下降趋势结束，操作策略理应与趋势的变动方向一致。

转折趋势的判断：价格向上或向下突破原有趋势时，表明原有趋势已经结束，新的趋势即将开始，价格与原趋势呈反向运行。聪明的做法理应顺势操作，放弃对原趋势的仓位持有，而转向顺应价格变动的一方交易。

整理趋势的判断：根据平盘趋势中的描述，识别整理区间的部位，即底部、顶部以及中部整理趋势的研判。如何对整理趋势进行精确判断并采取相应措施，是一项极为复杂的工作。不少参与者也都困扰于此。当你习惯用趋势来保障你的收益时，你便非常有兴趣地去研究它，并将该方法列为主要的获利工具。横向趋势的判断也将如此，与上升或下降趋势的分析方法相似，将图2-9中①和②两点相连接并无限延长，将会对未来价格变化产生有效的压力与支撑作用。

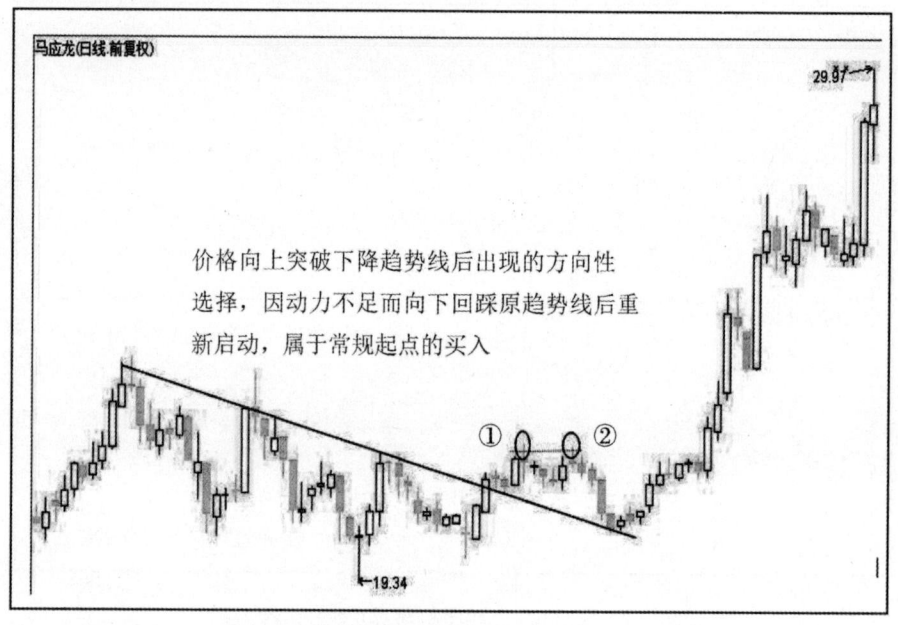

图2-9　600993 马应龙

注：下降趋势中的价格突破，并结束原趋势运行方向。即价格向上突破下降趋势后，走出的横向运动行情。

因此，突破调整是多样性的，但万变不离其宗，掌握方法后任何的变化都不足为惧。譬如图2-10中的①点和②点是两个相对可以延伸的点，无论是上升、下降或者是平盘都必将如此，其作用就是对未来价格可能发生的变化进行研判，即向上突破或向下突破。

第二章
投资策略与思维模式

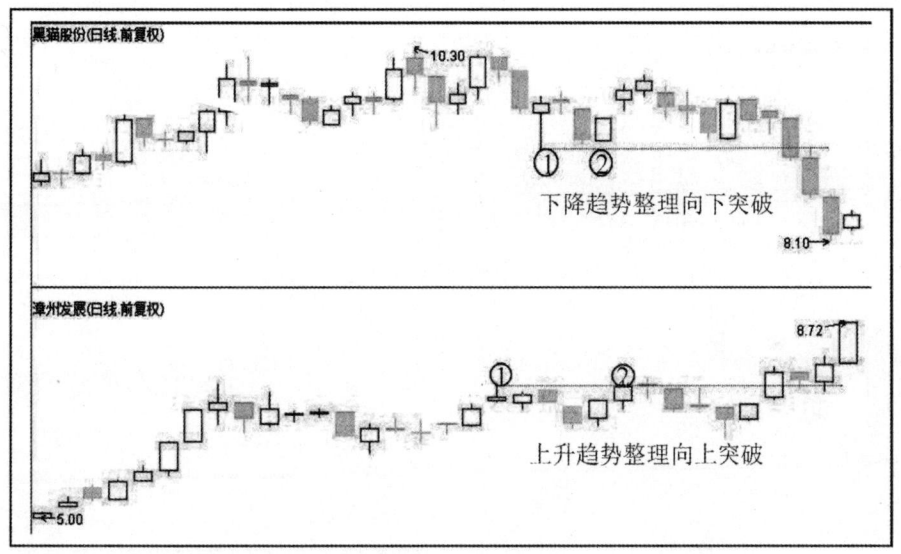

图 2-10 黑猫股份与漳州发展整理平台突破对比图

注：无论是向上运动走势还是向下运动走势，突破整理平台后都必将产生新的行情。即大趋势为向上时，突破整理平台后多数还会选择向上运行，反之，大趋势为向下时，突破整理平台后多数还会选择向下运行。

不同趋势下的整理区所表示的意义都将不同，如图 2-11 所示。价格呈上升趋势，出现横向整理后通常还有上升的空间；反之，价格呈下降趋势，出现横向整理后通常还有下降的空间。之所以会有如此坚定的说法，是因为：1. 价格在上升趋势运行过程中，市场绝大多数参与者都会向预期上涨的方向判断；2. 价格在下降趋势运行过程中，市场绝大多数参与者都会向预期下降的方向判断。因此，无论是在上升趋势还是下降趋势当中，整理区的突破都将有新的高点或新的低点出现。

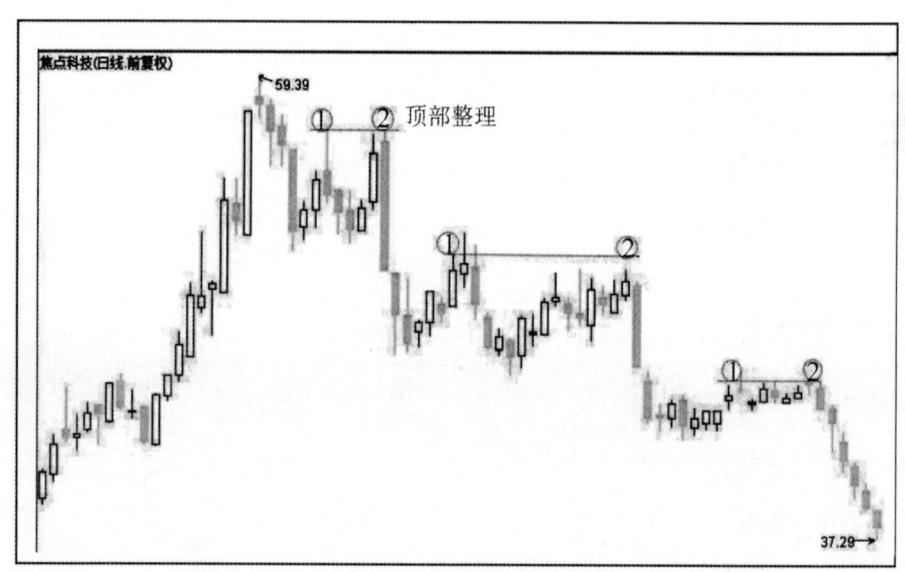

图 2-11　002315 焦点科技

注：价格在顶部运行过程中的各种图表演化，连续两次或两次以上未能突破整理区的高点，即前期价格的高点，就会选择朝阻力较小的一方移动。下降趋势中出现的每一次反弹都将在两次突破性的尝试后再次向下。

趋势信号的辨认

趋势分长期趋势、中期趋势以及短期趋势。在大趋势运行中三种趋势可能同时出现，且方向并非一致。

上升趋势

1. 长期趋势向上，中期趋势向上，短期趋势向上，表示市场看多情绪强劲有序，待趋势出现转折时改变策略。

2. 长期趋势向上，中期趋势向上，短期趋势向下，表示市场短期看多情绪减弱，待价格向下突破趋势线时卖出股票。

3. 长期趋势向上，中期趋势向下，短期趋势向上，是上升趋势中的中级回调，待短期价格跌破趋势线时卖出股票。

4.长期趋势向下，中期趋势向上，短期趋势向上，是长期趋势转好的表象，顺势操作直至趋势转折。

下降趋势

1.长期趋势向下，中期趋势向下，短期趋势向下，表示市场看空情绪强劲有序，待趋势出现转折时改变策略。

2.长期趋势向下，中期趋势向下，短期趋势向上，表示市场短期看空情绪减弱，待价格向上突破下降趋势线时买入股票。

3.长期趋势向下，中期趋势向上，短期趋势向下，是下降趋势中的中级反弹，待短期价格突破趋势线时买入股票。

4.长期趋势向上，中期趋势向下，短期趋势向下，是长期趋势走坏的表象，顺势操作直至趋势转折。

突破后的交易策略

上升趋势突破：指价格呈上升趋势，经过一段时间运行后，向下跌破原趋势线并以大阴线的方式确认，表示长期趋势有走坏的可能，投资者应重点关注趋势的变化，并跟随趋势的运动方向操作。

下降趋势突破：指价格呈下降趋势，经过一段时间运行后，向上突破原趋势线并以大阳线的方式确认，表示长期趋势有走好的可能，投资者应重点关注趋势的变化，并跟随趋势的运动方向操作。

平盘趋势突破：指价格运动方式呈横向，向上突破或向下突破的可能性同时存在。即价格向上突破整理平台，买入股票；反之，价格向下跌破整理平台，卖出股票。横向运动时减少操作或参照高抛低吸交易法则进行。

如何绘制趋势线

根据上述对趋势定义的描述,我们已经初步了解了何谓趋势。下面的阐述将是对趋势线的绘制与修正做个较明确的说明。趋势是某特定时期内,价格走势的方向。在上升趋势中,价格持续上涨而中间夹杂着暂时性的走势,但下降走势的低点不会低于前一波跌势的低点。下降趋势相反,价格持续下跌而中间夹杂着暂时性的上涨走势,但上涨走势的高点不会高于前一波涨势的高点。在图形上,趋势呈锯齿状的模式。就上升趋势而言,价格将持续创新高,其间夹杂着小的回调,低点也将随趋势不断向上抬高。就下降趋势而言,价格将持续创新低,其间夹杂着小的反弹,高点也将随趋势不断向下走低。

在分析趋势时,无论你是个人还是机构,正确绘制趋势线都将是一个非常实用的分析工具。单从现实角度来看,能够做到精确绘制的人并不多,多数人都缺乏一致性的判断,这就有点扭曲趋势线的真实意义了,不但起不到很好的分析效果,还有可能会因为对趋势的误判而遭遇损失。以个人多年来对趋势的研究表明,正确绘制的趋势线会提前告诉你市场价格将要变动的方向及运行时间。首先,当你选用趋势线来帮助自己分析价格的变化时,应先考虑你所要分析的期限,即长期(数月至数年)、中期(数个星期至数个月)还是短期(数天至数个星期)。在既定的期间内,如果趋势线的变动斜率非常明显,可能同时存在数条趋势线也可叫作趋势线的修正线。

上升趋势线:在将要进行分析的范围内,以最低点为起点向右上方绘制一条直线,连接第二个次低点,使这条直线在两个低点之间并未有向下穿越的价位,便形成一条主要上升趋势线。当价格快速向上移动并偏离主要趋势线时,则表示趋势将发生变化,有待修正并重新绘制趋势线。(见图2-12)

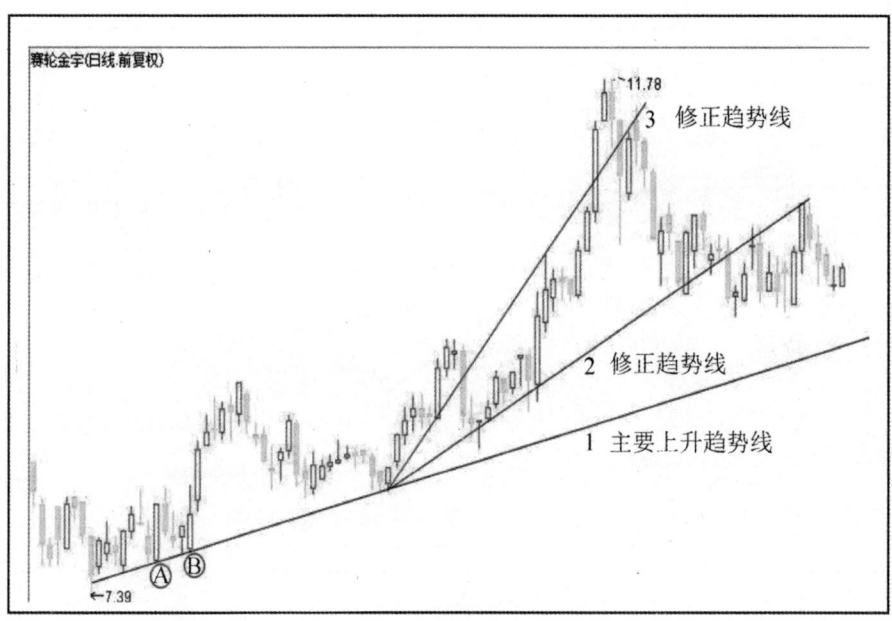

图 2-12　601058 赛轮金宇

注：趋势线对价格的研判除有效分析价格的运动方向外，还有对价格涨跌速度的跟踪作用。图 2-12 中的 2 号、3 号线为修正趋势线，1 号线为主要上升趋势线，修正趋势必须在主要趋势出现以后绘制。

修正趋势线：当价格发生变化时，若不对价格趋势重新修正，原有趋势线将会失去准确研判的意义，修正则是为了更好地分析价格的变化。所谓修正趋势线，就是在价格快速上升或快速下降并构筑新的低点与高点时，由两个临近的低点或高点连接组成，价格脱离原趋势运动的次数越多，则修正趋势线的次数就越频繁。

下降趋势线：在将要进行分析的范围内，以最高点为起点向右下方绘制一条直线，连接第二个次高点，使这条直线在两个高点之间并未有向上穿越的价格，便形成一条主要下降趋势线。当价格快速向下移动并偏离主要趋势线时，则表示趋势将发生变化，有待修正并重新绘制趋势线。（见图 2-13）

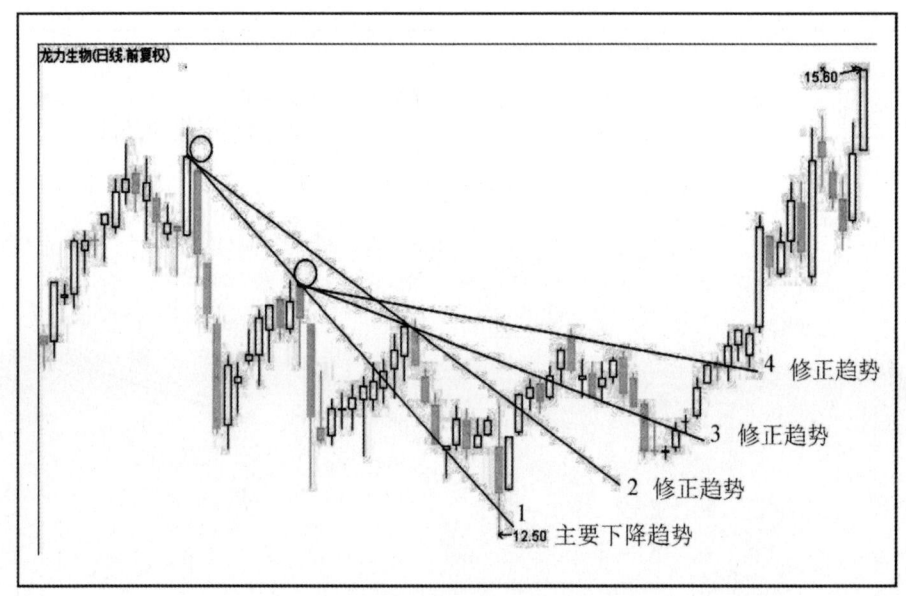

图 2-13　002604 龙力生物

注：明确主要趋势运动方向后，修正趋势线的作用是：无论上升趋势还是下降趋势都将对后期价格变动有着支撑和压力的作用。

趋势线的有效画法可分为两种：第一种是两个低点或两个高点相连接时，须寻找两个低点或两个高点的实体部分；第二种是两个低点或两个高点相连接时，须寻找两个低点或两个高点的影线部分，以最低点或最高点为基准。那么，错误的趋势线是既不寻找实体部分也不寻找影线部分，只根据自己认为的标准来绘制，属于无效趋势线。正确绘制的趋势线，可通过对趋势线的跟踪和修正来判断趋势以及价格的涨跌速率，而错误绘制的趋势线，不仅不能有效把握价格的运动，还有可能导致错误的交易。

第二章
>>> 投资策略与思维模式

鳄鱼原则

鳄鱼原则的建立

引用艾恩·兰德所讲的话，一个人放弃原则时会产生两种结果：就个人而言，无法规划未来；就社交而言，无法沟通。

鳄鱼原则在金融领域应用相对广泛。之所以在此谈及鳄鱼原则，主要是鳄鱼在吞噬过程中的一些行为与方式，与我们在投资或投机中的行为有着较为相似的地方。例如：其一，鳄鱼在捕捉猎物时，常会静静地待在某个地方，一旦猎物进入攻击范围就迅速发起攻击，而此时的猎物已再无逃脱之力；其二，在捕捉猎物时鳄鱼常以惊人的速度出击，当猎物还未来得及有任何反应时将其咬住；其三，鳄鱼的牙齿锋利，猎物一旦被咬住将很难逃脱，而且越挣扎被吞噬的速度越快。

这种说法，很显然是来自于鳄鱼嘴的一张一合，以及其吞噬猎物的方式。这一现象被形象地引用到投资市场，并用于捕捉趋势及趋势拐点时的上涨与下跌，以此来决定投资方向。俗称"鳄鱼线"，即上升趋势中张嘴买入股票，合拢卖出股票；反之，则要止损或持币观望。

鳄鱼行为

1. 静：静守，等待猎物出现后发起攻击，是鳄鱼捕捉猎物的主要方式与手段。由此可以联想到，任何一个市场机会的出现，都将是有序的而并非是无序的，虚拟市场便是如此。价格不会无序地朝某个方向持续上涨或下跌。如果是这样的话，那么在市场中就再无赢利和亏损可言了。正是在价格有序的循环过程中才造就了赢利与亏损，并重复相似的走势。

静，可以使人头脑时刻保持清醒，并等待猎物靠近（价格进入预期）时才发起进攻。既可以较高概率地捕捉到猎物，也有利于保全自身的安全，无须花费更多的时间与精力便可达到预期的收益。相反，如果鳄鱼采用的捕捉方法并非是以静制动而是随意游走，那么，捕捉猎物成功的概率将要重新评估。

2. 速度：当猎物进入鳄鱼捕捉范围内时，它将以出其不意的速度将猎物咬住，并以猎物挣扎的频率来吞噬猎物直至将猎物全部吞没。这种做法看似残忍却对投机者有着较为深刻的意义。诸多投机者整日都守候在电脑旁，试图在价格的变动中赚取收益，却在技巧与速度上未能战胜他人。当市场价格发出买入信号时不能快速有效地进入，而是犹豫不决，等到价格偏离预期后才追高买入。鳄鱼如果以此方法来捕捉猎物的话，我想非但不能充饥，还有可能会影响到鳄鱼种族的延续。明确而有目的的捕猎方式和出其不意的速度，不仅是在鳄鱼捕捉猎物时有用，同样对于投机者也是一种极为有效的赢利手段，一旦价格进入自己的捕捉范围，就要以出其不意的速度战胜对手，并等待价格朝有利于自己的一方运行，直至趋势结束。相反，如果价格偏离自己捕捉范围之内时，只好等待下一次机会的到来。

3.吞噬：看似残忍却十分有效，这是生存的保障。一旦猎物被鳄鱼咬住，将很难逃脱。鳄鱼的目标非常明确，时刻不会忘记自己想要的结果。当猎物被鳄鱼咬住时，任其怎样挣扎都很难从鳄鱼的嘴里逃离出去，除非断腿折臂否则绝无可能。因此，鳄鱼在捕食时并没有像其他爬行动物那样到处奔波，而是选择在猎物常出现的地方静守，直至猎物出现并将其吞没。这种行为看起来虽然有些笨拙，但的确是一种行之有效的制胜方法。

成功的方法并不在于多，而是要学得精、用得熟，追求的结果都是相同的。在金融投资市场中也是如此，凡是一味地去追求高质量操作技艺者，其结果都不理想，原因是学而不精、用而不熟，到头来既浪费了时间和精力，又难以从市场中获得收益，对于成熟投机人来说是最为忌讳的。这里指的成熟则是一个标准，成熟投机者的标准，就是如同鳄鱼捕猎一般，静守在电脑旁，等待价格进入预期目标时快速行动。

鳄鱼原则

鳄鱼原则是金融市场参与者必须遵守的一条纪律，它可以让我们不受任何情绪和外界因素的干扰而进出市场，没有人会主动寻求超越这条界线的方法，除非你是故意的。

因为这条界线已经在无数人惨痛的教训中得到了证实。这是一项非常艰巨并且是不容你有任何选择的任务，遵守它是你唯一的出路。这些任务被统称为"鳄鱼原则"，主要是来源于鳄鱼的吞噬方式：猎物挣扎的频率越高，鳄鱼得到的收获便越多。

所以，当鳄鱼咬住你的脚时，务必记住：唯一的机会与选择，就是牺牲一只脚。假如要用市场的语言来表达这项原则的话，那便是当你知道自已犯错时，立即结束交易，离场即可。没有任何借口、期待、祷告，采取其他任何的行动都无济于事，更不可试图降低成本、避险或采取其他无谓的措施，即刻离场，越早越好（有关鳄鱼原则的详细补充，将在第五章第二节中配合鳄鱼线详细描述）。

平行线交易法则

单根趋势线研判之后，平行线更具挑战性和决策性。所谓平行线是指通道线（也称轨道线，其形状类似于铁路轨道），即利用两根趋势线对价格趋势进行研判，并寻找出价格的支撑与压力，是技术分析爱好者常用的一种分析手段，其优点是具有更高的决策性。

例如，价格在上升趋势中运行，但并非是直线上升。那么，必然会出现高点不断抬高，低点逐渐走高的现象，如此反复并形成一波有效的上升趋势。其间，上升与回调形成的波幅则是利用通道线对价格波动的测量，即高点卖出股票，低点买入股票则是有效的低吸高抛的做法。反之，价格在下降趋势中运行，也并非会出现直线下跌，其间，必然会出现低点不断走低，高点逐渐下降，如此反复并形成一波有效的下降趋势。其间下降与反弹形成的波幅，则是再一次利用通道线对价格波动的测量，即低点买入股票高点卖出股票，并成为一条有效的投机规则（详见通道线买卖法则）。

通道线的画法

上升趋势：同单根趋势线画法一致，在价格上升初期选择两个相对的低点（即低点与次低点），两点相连并形成一条延长直线，以此作为上升通道线的主要绘制标示，若此线绘制精确则所绘制出的通道线就相当有效，反之，未能绘制出有效的延长直线，则通道线的后续延伸会使价格研判出现一定的误差。因此，绘制有效延长直线时需要认真对待，切勿草率行事。最后完成标示就较为简单了，即在两个相对低点间找出价格回落时的高点，鼠标就此点击，即可完成一条等同比例的上升通道线。

下降趋势：在价格下降初期选择两个相对的高点（即高点与次高点），两点相连并形成一条延长直线，以此作为下降通道线的主要绘制标示，如同上升趋势线画法，绘制仍需精确，否则将会出现误差。绘制趋势线时，偏离值越大后续对价格研判造成的误差就越大。反之，误差就会越小。

平盘趋势：当你已经熟练并习惯于利用通道线来预测未来价格走势和进行分析时，那么绘制平盘通道线就会游刃有余。两个相对低点与回落时形成的短期高点，就会较为清晰地出现在你的视线当中，直至平台被价格向上或向下突破，才能确定价格趋势出现转变。

通道线图解

上升通道线绘制与分析

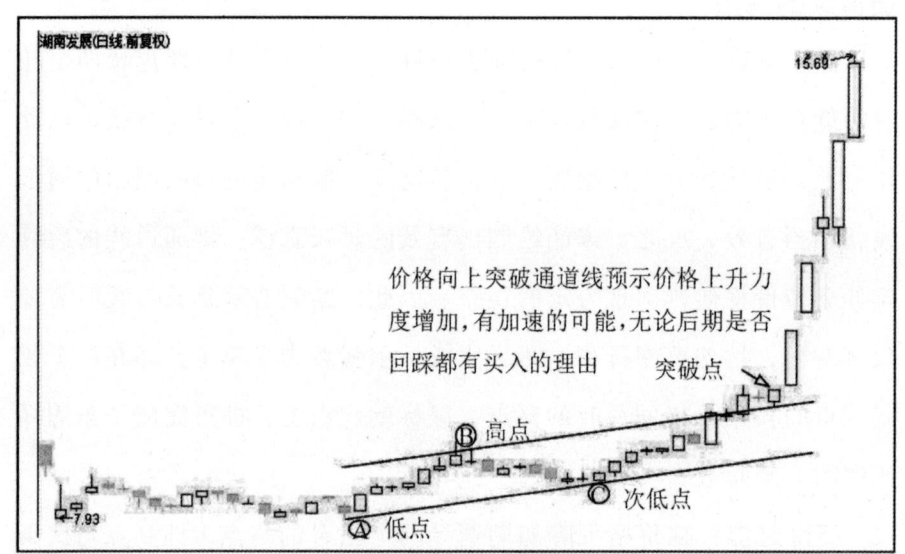

图 2-14　000722 湖南发展

注：价格沿通道线运行，并反复触及通道线上轨与下轨。然而，无论是上轨还是下轨，对价格未来运行方向都会起到一定的分析及预测作用。

上升通道线遇价格向上穿越正常运行轨道时，便证明价格在通道内运行发生了转变，有待重新修正通道线角度并做出研判。此外，平行线的交易策略，也跟随轨道向上的斜率变化而加以修正，并以通道线的最后标示为依据做出交易策略。

如上升通道线画法所述，即 A 点与 C 点为两个相对低点，而 B 点则为次低点回落时出现的高点，由此标示绘制，便会形成一条上升通道线。此绘制仅是完成对价格后续研判的第一步，第二步则是通过所绘制出的通道直线对价格上升与回落做出判断。如图 2-14 所示，价格向上运行到通道线上轨时不能突破，便会形成短暂的高点，反之，价格在上升通道内运行，至上轨受阻向下回落到通道线的下轨时，且未再创出新低，便会形成有效

# 第二章
>>> 投资策略与思维模式

的支撑。顺应轨道交易,不仅便于分析,而且可以在绘制的通道内赚取点差,直到价格脱离轨道正常运行。

下降通道线绘制与分析

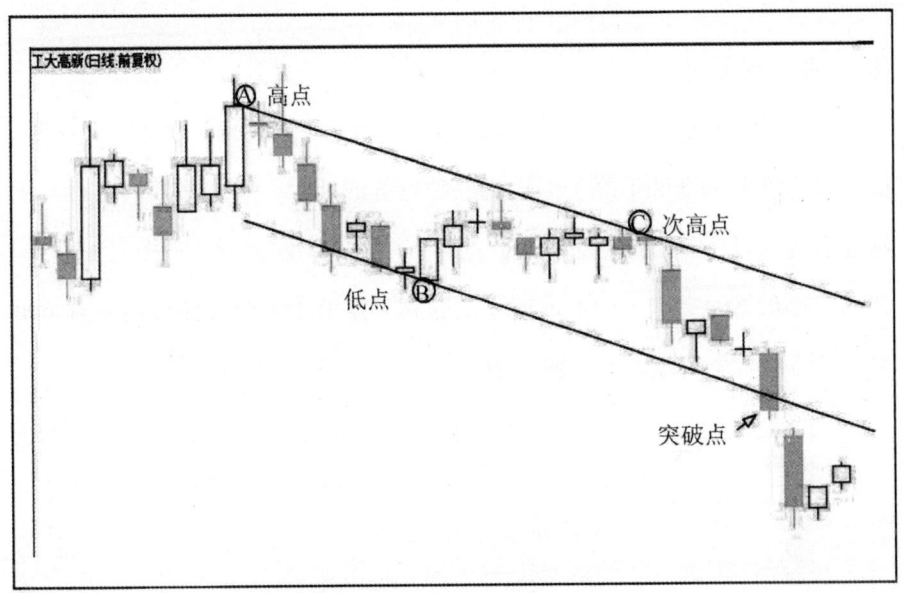

图 2-15 600701 工大高新

注：当价格脱离正常轨道运行后,表示原有的轨道被打破,新的轨道会形成。因此,沿着价格的运动方向,不断修正通道线,便是一种巧妙的跟踪分析方法。

下降通道线遇价格向下穿越正常运行轨道时,便证明价格在通道内运行发生了转变,有待重新修正通道线角度并做出研判。与此同时,平行线交易策略也跟随轨道向下的斜率变化而加以修正,并以通道线的最后标示做出交易策略。

如下降通道线画法所述,即 A 点与 C 点为两个相对高点,而 B 点则为次高点反弹时出现的低点,由此标示绘制,便会形成一条下降通道线。此绘制仅是完成对价格后续研判的第一步,第二步则是通过所绘制出的通道直线对价格下降与反弹做出判断。如图 2-15 所示，价格向上运行到通道线上轨时不能突破，便会形成短暂的高点，反之，价格在下降通道内运行，至上轨受阻向下回落到通道线的下轨时，且未再创出新低，便会形成有效的支撑。

平行通道线画法

平行通道线画法近似于上升通道和下降通道，当价格处于平行运动时，虽没有明确的上升和下降，但也是一种趋势的标示。其画法如同上升与下降通道线，即找出相对应的两个低点与一个高点，便会形成一条延长直线，并对后续价格的突破（向上或向下）起到一定的压力与支撑作用，直至价格运动方向发生改变。（见图 2-16）

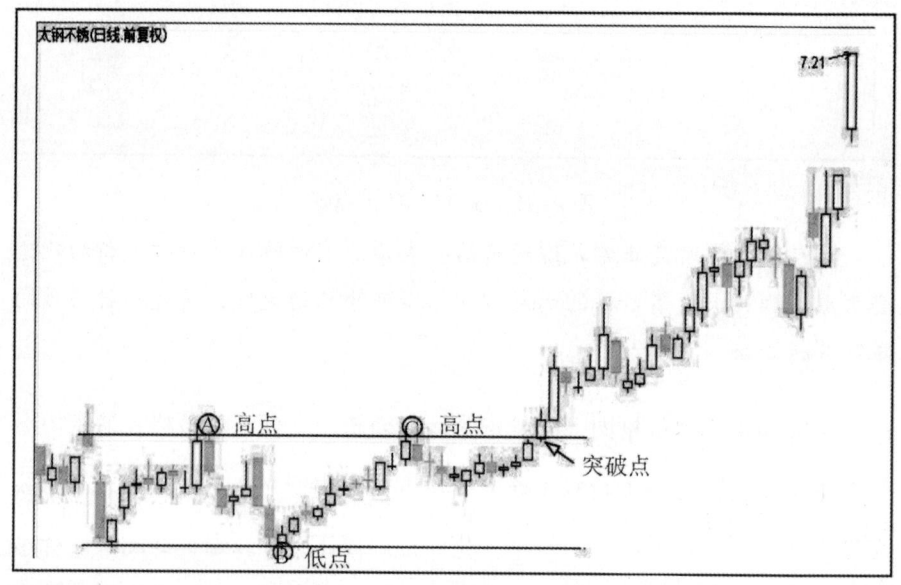

图 2-16　000825 太钢不锈

注：所谓的平行通道并不一定是水平的，或是向上或是向下也会出现微小的斜率，但并不会影响你绘制通道线。

通道线的研判方法

讲到通道线研判方法，我个人主张凡事不要过于苛刻，提高研判概率是我们一向追求的目标。如不能通过通道线来分析并预测价格后续的变动方向时，那灵活的做法应是改变分析手段。没有任何两只或两只以上股票的运动轨迹是相同的。因此，学习各种分析方法则是为了应对不同阶段、不同时期的价格变动。作为一名优秀的投机者，就是要在不同市场环境中都能有所应对并获得市场的认同。

那么，通道线的分析方法又是什么呢？

1.通道线的上轨与下轨是某只股票价格变动的标尺，其价格触及轨道的次数越多则越有效。简言之，除A、B、C三点形成通道外，后续价格每一次触及轨道都将受到较大的支撑与压力，或是上轨或是下轨都将如此，且无任何通道趋势之分，即上轨为压力，下轨为支撑。假若价格在上升轨道中运行，那么下轨的支撑就尤为重要，因为它还代表着上升趋势的延续。假若价格在下降通道中运行，那么上轨的压力就尤为重要，因为它将代表着下降趋势的延续。不管是上升还是下降，当价格突破支撑与压力线时，均表示原有轨道被突破，新的轨道将形成。

2.观察价格突破通道线后的表现。当价格向上突破原有轨道运行时，表明新的格局已经打开，这是一种动力的转换，犹如猛虎出笼奋力奔跑，其速度常会令人措手不及。向上突破倘若动力强劲则可考虑分仓买入，若缓慢上升且动力有逐渐增强之事态，便可考虑加重仓位操作。

平行线交易法则

上升通道交易法则

1.价格由上至下回落到通道线下轨时,受到支撑并再次上升,买入股票。

2.因看空情绪强劲，价格向下突破上升通道线下轨，未能获得有效支撑，而选择继续向下运行时，卖出股票。

3.因看多情绪强劲，价格向上突破上升通道线上轨，未受上轨压力的干扰而选择快速向上突破，待出现滞涨走势时卖出股票。

4.价格在常规通道内运行，触及通道线上轨时不能突破，卖出股票。

下降通道交易法则

1.价格由下至上反弹到通道线上轨时，受到压力并再次选择向下运行时，卖出股票。

2.因看空情绪强劲，价格向下突破下降通道线下轨，未能获得有效支撑，且价格出现止跌走势时买入股票。

3.因看多情绪强劲，价格向上突破下降通道线上轨时，未受上轨压力的干扰而选择快速向上突破，再次回调至通道上轨受到支撑后买入股票。

4.价格在常规通道内运行，触及通道线下轨时未能跌破，买入股票。

通道线注解

通道线是最为简单且实用性较强的一种分析工具，掌握其核心标示在任何市场应用都将有效。直线标尺的应用多样性，除了上述两种分析方法以外，还有诸多学者对切线理论产生了兴趣，即通道线的进一步升华。

分析学派的优点与缺点

金融市场中的交易者,大体可分两个学派,即技术分析派和基本分析派,基本分析派又包含着信息派。单从这两个派别来讲,技术分析在市场中的运用要胜于基本分析,综合国内金融市场,或是股票或是期货,都还难以与国际市场接轨,虽在转变中但仍有缺陷。就拿我们最熟知的股票来讲,连续持有一只股票三年以上者寥寥无几(套牢者除外),而对于国外市场来讲,这是一种常态化投资。然而,当我们换个角度去思考,为何国内A股资本市场缺乏一定长期投资的条件?除上市公司业绩难以保证外,还带有很浓的投机性,游资就是最为典型的案例,所以在两大分析学派中,众多参与者都偏向于对技术分析的依赖,原因是图表、价格的变化能够更为直观地体现出买入与卖出信号,与基本面相比,更容易掌握一些。

而基本分析派者,对其研究的理念又怀有旧念,这是一种个人偏好,无论是技术派还是基本派,结果都是相同的。根据个人观点来论的话,两者都具有独立分析的能力,但在追求更高利润时如果能够两者居中,那效果将会更好。虽然我更加偏向对技术分析的研究,但也不回避对基本面分析的参考。因为,在我的交易中绝大多数利润都是来自技术分析的判断。

基本分析派通过对影响价格变动因素的研究来探究价格未来的变动方向。供求关系是影响价格变化的直接因素,而引起供求关系变化的因素有政治、经济、宏观、中观、微观等。换言之，基本分析是在价格出现变动以后寻找影响价格变动的原因，通过对信息质量检测和辨认，做出对未来可能影响价格变动的一种预测。而技术分析派则是以把握价格运动趋势为目的，以图表分析为手段，对市场进行相对全面的分析和研判。通俗地讲，技术分析更多关注的是图表与趋势的变化，当图表或趋势发生变化时，能够及时调整应对策略，与基本分析相比更具投机性和灵活性。如当你发现某只股票，并在基本面向好时买入，预期未来会有不错的收益，并下定决心长期持有。但从技术面角度去分析，价格的运动方向可能正与基本分析的结果呈反向，那么此时的交易策略应如何？典型的案例和现实的矛盾时常会困扰投资者们的决断。其原因是，基本面分析的结果通常时间跨度要更长，而技术面分析则是注重当前价格的变化，时间跨度相对于基本分析要短，更多依赖的是价格趋势的变动。

分析的宗旨是为获取更高的收益。当你目视相互矛盾的分析结果时，理应倾向有利于保全自身安全的一方。这是最具智慧的做法，因为在你无法确定价格在哪一方将会受到支撑时，这将是最安全的做法。

基本分析与技术分析的比较

1. 基本分析是发现引起价格变动的原因，然而相同的原因并不一定会产生相同的结果。

2. 技术分析是研究各种原因导致的结果，无论影响价格波动的因素有多少，最后都必将反映到价格的波动上。

技术分析三大公理

公理1：市场行为包容消化一切

市场行为包容消化一切，是指已知的和未知的都将通过价格的波动而表现出来，包括人为操纵在内。以股票市场为例，当指数出现长期上升或下降时，市场会一度表现出狂热与冷淡。上升途中狂热潮的增加会使一切不利因素都一一化解，而对于下降途中的冷淡潮来说，即便存在有利因素也很难改变原有的局势。这是市场行为包容消化一切的含义，故市场参与者普遍认为，市场处于长期上升阶段时获利较为容易，即使在价格处于相对高位时进入，都有获利的机会。反之，当市场处于长期下降阶段时，即使在价格处于相对低位时进入也较难获利，若不能见好就收，快速撤离市场的话，很快就会陷入套牢圈。

公理 2：价格沿趋势方向运行

价格沿趋势方向运行，是指价格的变动方向通常会与趋势的运行方向一致。即上升与下降波幅点都将逐步抬高或降低，也就是通常人们所说的右侧交易。右侧交易的主要判断标准是：（1）价格沿趋势运行的一方而上下波动，但每一次波动的低点都必须是高于左侧低点；（2）次日的开盘价要高于当日的收盘价，当日收盘价对次日最低价有支撑作用；（3）若次日开盘价低于当日收盘价，且处于收盘价的 1/2 以下，则表示右侧交易失败，下一交易日有继续向下的可能。

公理 3：历史会不断重演，但绝不是简单的重复

历史会不断重演，但绝不是简单的重复。过去发生的现在仍然可能发生，即使现在还未发生，将来也会再现，只是在时间和演变过程中会有所不同。例如，价格在演变过程中所形成的图形，历史已有发生，而现在重现就是一种重复的过程。重复的现象仍将继续，或许在不久的将来很快会再现。通俗地讲，24 个节气就是最好的例子，每年都将重复，但在时间的节点上却会有差异，如遇闰年将改变。金融市场也是如此，价格图形的演

变将会反复出现，这是一种现象但非绝对，而相似的地方则是投资人或投机者通过历史的辩证而做出的判断。

没有任何一种事物的发展是相同的。人类是在历史的发展中，通过不断改进而得以进步的。当你使用技术分析手段去分析市场时，历史的验证就是最好的依据。它不会轻易引诱你上当，但会通过各种图表的变化来迷惑你，真正诱你上当的是你自己。也就是说，分析方式大致都是相同的，只是会因使用者对某一特定事物的变化过于迷信而造成失误。人是最终决定因素。

基本分析与技术分析的补充

基本分析

综上所述，基本分析的结果是依照政治、经济以及某些影响价格变动的因素信息做出的判断结论。即信息的真伪将直接影响投机者的判断，在基本分析中交易者更多会偏向于对影响价格变动的直接信息因素进行采集。如股票市场，其对象大致可分为：政策出台，宏观、中观、微观经济的变化，及某上市公司未来的发展规划和财务报表、市盈率等。这是基本派常用的分析手段，俗称价值投资。通过这些信息的辨认，对某只股票进行长期性的投资。

其任务量相当庞大，如果能够有效掌握这些数据，那么基本分析的有效性是完全值得肯定的。反之，若不能有效掌握这些数据并做出正确的研判，那么研究的意义就会大打折扣。

基本分析需要注意的事项

1.收集的信息必须全面；

2.收集的信息必须真实有效；

3. 收集的信息必须是及时的。

技术分析

技术分析的参考依据是，通过历史价格变动走势及数据来判断未来价格可能发生的转变。即以历史行情为鉴。事物的轮回是运动的，可以借鉴的。例如，价格波动过程中所走出的图形演化将会反复出现。其特征是，以前发生的，现在正在发生，现在还未发生的将来一定会发生。（见图2-17）

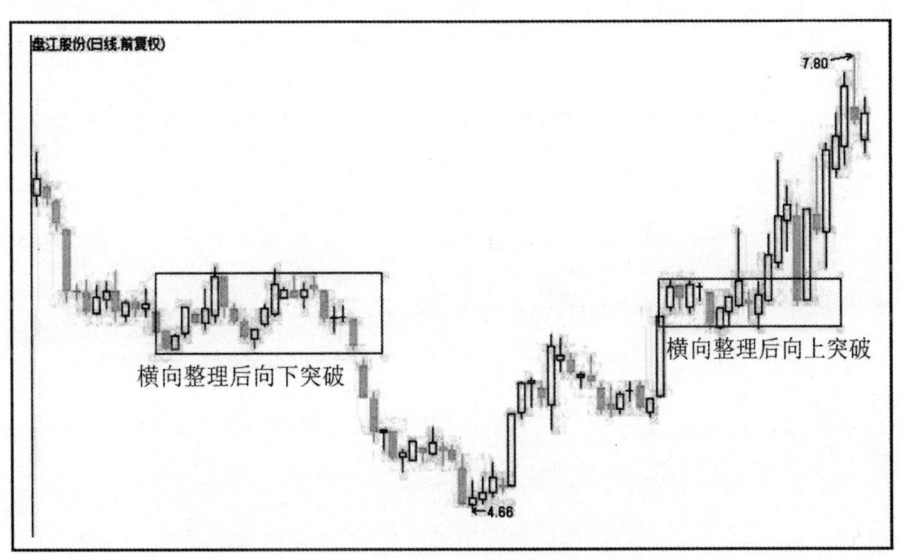

图 2-17　600395 盘江股份

注： 盘江股份箱体整理图示，即上升整理与下降整理，重复出现但并不相同，技术性的判断是多种的，而非单一的。

技术分析需要注意的事项

1. 用多种技术分析工具，同时对价格变动进行研判；

2. 前人和别人的结论要经过实践之后才能放心使用；

3. 对每一个结论都要不断做出修正。

技术分析的结论是对买卖策略的直接评估，较为准确地说是买入卖出，而非模棱两可的回答。在我以前的工作中遇到过很多类似的问题。当别人问起某只股票时，技术分析人士所给出的答案是"可能、或许会朝那个方向运行"。那么，对于此类问题的回答，学习技术分析就没有多大意义了，因为这根本解决不了投资人的现实问题。所谓的现实问题就是，市场现在给出的指令到底是买入还是卖出，是能做还是不能做，直截了当的回答才能使各投资人迅速做出判断。技术分析的真实意义就在于，它会明确告诉你，现在到底该如何进行操作，按此方法操作的结果是什么。

小结：

市场是混沌的，混沌中是有律可循的，在无序中找到有序便是参与者参悟渗透的一种境界。大道至简，繁而不乱，洞察市场之价格运动规律，掌握其变动之法则，在瞬息万变之中抓住机会并通过独具一格的判断方法，临危不乱地将收益收入囊中。其变通的法则在于对时事变化的观察，顺着价格运行方向做出交易决定，即买卖必是符合某项交易之规则和有利趋势发展的一方。然而，束缚交易者做出判断的则是对自我情绪的控制及对场内现象的一种认识。为此，好的交易者必是一个内心豁达的人，否则将很难对价格无序变化时发生的账面亏损及利益的高涨保持良好的情绪，混乱的情绪无法驾驭现实市场的价格波动。

因此，无论市场中发生怎样的事情，都要让自己时刻保持平静的心态。理性看待市场，用心去感受价格波动的点滴，所制定的交易原则就会大显其功效。倘若你无法接受现实价格的随机变动，而任自己

第二章
> >> 投资策略与思维模式

的交易跟随价格的运动方向而变动,那终将会使自己的内心变得愈来愈小,直至无法忍受而被动离开市场。当然,这都不是我们想要看到的结果,我们想要看到的结果是你的勇敢,面对事物变化的勇气及果敢的手段。虚拟市场不是一个讲感情的地方,我们要做的事情就是享受这个平台给我们带来的快乐与收益,在满足物质需要的同时,仍能快乐地参与其中。无论是何种分析学派,对于市场参与者来说,获得收益与享受快乐便是追逐的梦想。

第三章

价格形态图解

> 多变的市场总是演绎着各种形态的变化，即反转形态与持续形态的反复交替，它们相互影响，相互牵动，构成一个不断变化的走势。然而，真实的秘密就在其中。

带你走近中医

形态理论的主要研究是：价格沿趋势方向运动时，伴随成交量的放大与缩小，形成的各种图形演化，即图形形态。图形形态是一项常用的技术分析手段，且诸多形态常在价格趋势运动中出现，因此，无论你是一位初学者还是职业老手都有理由去搞懂它，现存的形态研究可以给你带来巨大的惊喜，以至于获得更高的收益。如果缺乏对价格形态的正确认识，那将无从下手。

要点提示

1. 图形形态远比 K 线更重要。

2. 图表中的全貌是形态分析的首要条件，它是确保图表完整和正确的前提。

运动规律

1. 价格应在多空双方均衡的位置上下来回波动。

2. 原有的平衡被打破后，价格将寻找新的平衡位置：持续整理保持平衡—打破平衡—新的平衡—再打破平衡—再寻找新的平衡。价格的图形形态就是对均衡状态（横向延伸趋势）进行的研究，寻找未来价格趋势的运动方向。

价格形态类型

1. 反转形态：是突破平衡形态，未来变化与趋势相反。

2. 持续形态：是保持平衡形态，未来变化会顺着原趋势。

颈线的要义

可以说在具体的实战中，准确判断颈线位是操盘成功的关键所在。

何谓颈线？就人类而言，每个人都有颈（俗称脖子），它是头部与身体的分水岭。一般而言，颈属于头的一部分，而头部与身体真正的分界线，即是由左肩贯穿右肩、右肩贯穿左肩相连接成的直线，故，这条线被称为颈线。

价格进入盘局时，会出现各种不同形态，费时较久的则有头肩形态，诸如头肩顶、头肩底、复合头肩顶、复合头肩底。将形态用简单图形表示，便可看出颈线在何处。它是确定后市价格形态进一步发展以及测算最小价格目标的要点。这里只作提示，分类介绍各类形态的演变并指出其中的奥秘所在。

反转形态图解

反转形态包括：双顶（底）、头肩顶（底）、三重顶（底）、圆弧顶（底）、喇叭口、菱形和 V 形顶（底）。

反转形态的含义

1. 价格有明显的趋势运动，是反转形态的前提；

2. 重要趋势线的突破，是原有趋势开始转变的第一个信号；

3. 形态规模越大随之而来的市场运动就越大；

4. 顶部反转形态所经历的时间通常短于底部形态，但价格的波动通常较强；

5. 底部形态的价格范围通常较小，但其酝酿时间较长；

6. 成交量在验证向上突破信号时有重大意义。

反转形态图解——双顶（底）

双顶形态图解：双顶形态也称 M 顶，是价格趋势转变中的常见形态。即价格进入上升趋势的末端时，由于多空买卖的力量分歧而形成，故此形态形成后，价格将会进入快速下降阶段。（见图 3-1）

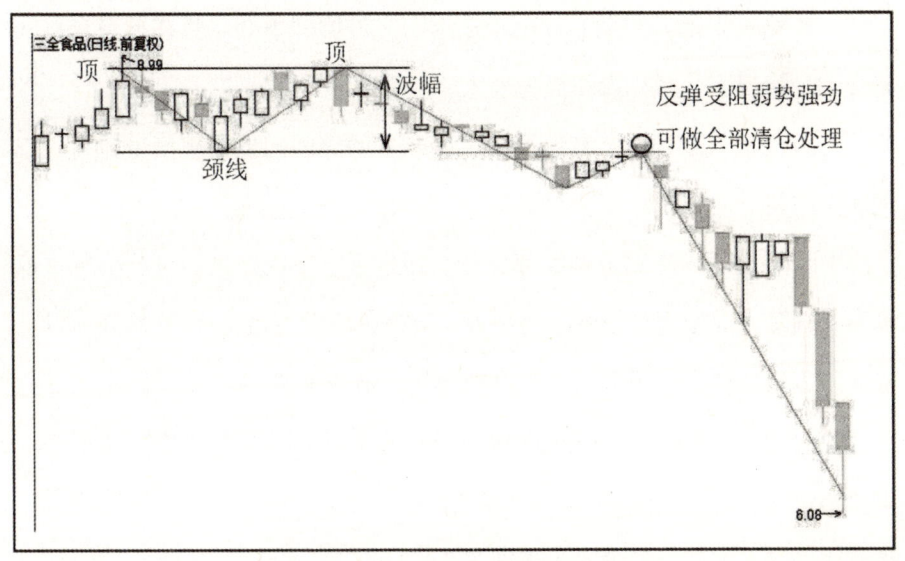

图 3-1 002216 三全食品

注：双顶即顶部整理，反转形态。当价格二次触及前期高点时，不能继续向上突破，便会选择向下，即双顶形成是 M 头的开始。

双顶形态的形成是第二个高点与第一个高点大致相等,且颈线位的确认是两个高点之间的最低点。颈线对未来价格变动起着支撑与压力的作用,即价格受到支撑继续整理,反之受到压力选择向下,通常向下的概率要大于继续整理。

双顶形态的识别方法

1. 价格趋势进入上升末期后,有明显向下跌破趋势线之信号;

2. 价格向下突破趋势线后,再次向上反弹,但未突破前一个高点;

3. 价格向下跌破低点后(颈线部分),再次向上反弹并受到前期低点即颈线的压力,则为双顶形态成立,且未来价格下跌波幅将以整理空间倍数出现。

双顶形态的交易策略

1. 价格进入上升末期后,由于多空双方的剧烈争夺,且在形态未有明确提示的情况下,减少操作最为理想。

2. 价格进入双顶形态初级阶段,即未有明显的向上突破信号,为理想的卖出时机。

3. 价格自顶向下跌破颈线部位时,便告形态完成。且价格若出现重返现象,则颈线部位将是较沉重的压力。故将此位设为最后卖出股票的时机,且向下运行的幅度,通常是形态波幅中的一倍或更多。

双底形态图解:双底形态也称 W 底,是价格趋势转折中的常见形态。即价格进入下降趋势末端时,由多空买卖的力量形成,故此形态形成后,价格将会进入快速上升阶段。(见图 3-2)

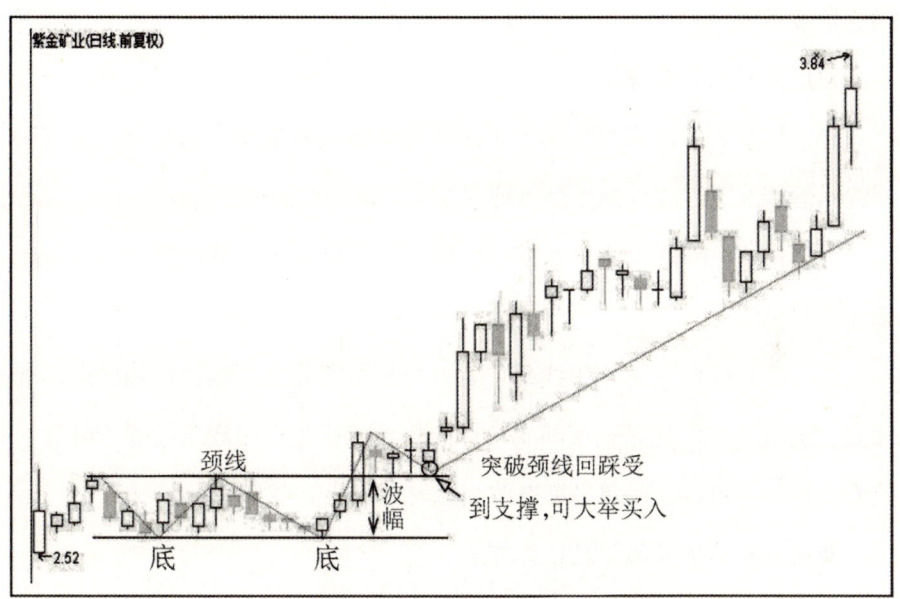

图 3-2　601899 紫金矿业

注：双底即底部整理，反转形态。当价格二次回落至前期低点附近时，并未向下创出新低而选择向上运行时，底部形成是 W 底的开始。

双底形态的形成是第二个低点与第一个低点大致相等，或稍有向上倾斜并高于第一个低点。其颈线部位的确立是，寻找两个低点之间的相对最高点并向右连成一条直线。颈线部位通常对未来价格的变动起着支撑与压力的作用，即价格受阻将会选择继续整理，反之，价格向上突破并再次回落至颈线部位时，便会受到颈线的支撑。

双底形态的识别方法

1. 价格趋势进入下降末期后，有明显向上突破趋势线之信号；

2. 价格向上突破趋势线后，再次向下回落，但未跌破前一个低点；

3. 价格向上突破高点后（颈线部分），再次向下回落并受到前期高点即颈线部分的支撑，则为双底形态成立，且未来价格上升波幅将以整理空间的倍数出现。

双底形态的交易策略

1. 价格进入下降末期后，由于多空双方的激烈争夺，且在形态未有明确提示的情况下，减少操作最为理想。

2. 价格进入双底形态初级阶段，即未有明显的向下跌破信号，为理想的买入时机。

3. 价格自底向上突破颈线部位时，便告形态完成。且价格若出现回踩现象，则颈线部位将是较强的支撑。故将此位设为较为理想的买入时机，且向上运行的幅度，通常是形态波幅中的一倍或更多。

双底与双顶幅度预测及计算方法

1. 第二个低点的最低价至突破颈线后的最高价，为后期价格上升幅度的标尺，即价格受到颈线支撑后再次上升时的幅度倍数。其公式为：最高价－最低价＝实际差价。受颈线支撑后再次上升时的幅度倍数则是，颈线处的低点加上实际差价的一倍，也是未来价格上升的第一目标位。

2. 若因上升速度过猛而向上突破第一目标位，第二目标价则是颈线处的低点加上实际差价的二倍。以此方式计算也可得出第三目标位，第三目标位为最大目标位，且通常价格不会高于第三目标位。

3. 如因市场不确定因素而导致价格未能顺利到达目标价位时，便可采取弥补措施，即价格向上突破第一目标，进入第二目标位时，可采用倍数的1/2比例计算。其结果则为，第一目标的1.5倍、2倍、2.5倍及3倍。

4. 双顶幅度预测与双底预测方法大致相同，其计算公式为：最高价－最低价＝实际差价，即第二个高点至价格跌破颈线部位的最低点。

反转形态图解——头肩顶（底）

头肩顶形态图解：头肩顶形态是价格运动过程中出现频率较高的一种形态，或是日线，或是分时。其特征犹如人体站立，即头部为最高点，两端次高点则又称之为左肩与右肩，是头肩顶颈线位的重要组成部分。（见图3-3）

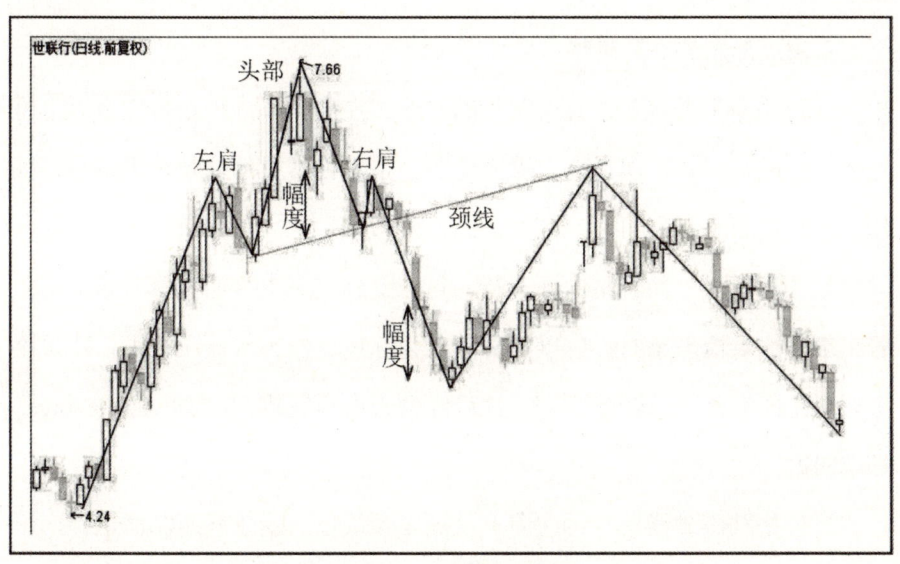

图3-3　002285 世联行

注：头肩顶形态图示，即左右两肩明显低于头部并向下突破颈线位，便告形态完成。

头肩顶形态的形成是头部明显高于两肩，即左肩与右肩呈水平或小幅倾斜状。其颈线位画法则是寻找两肩下方的低点相连并向右形成一条直线，颈线的作用是对未来价格反弹形成压力，是形态完全成立的重要标尺。

头肩顶形态的识别方法

1. 价格趋势呈上升波浪状并进入末期,头部明显高于左肩且向下回落时,未受到左肩支撑而直接向下;

2. 价格向下回落后,再次重返上升,但未突破左肩高点;

3. 价格向下运行并跌破颈线部位,且未受到有效支撑,便告形态完全成立。

头肩顶形态的交易策略

1. 价格呈上升趋势,且有明显的回落(左肩)。当价格再次重返上升趋势时,成交量并未随价格上涨而增多,是一种常见的价量背离信号,操作上不易追涨。

2. 头部形成,而价格向下运行,且未受到左肩支撑而选择直接向下。若出现再次重返现象时,应以左肩高点为标尺,作为有效压力区。待价格重返至左肩附近,不能继续向上运行时,便告右肩完成,是向下运动的前兆,理应回避。

3. 价格跌破颈线后,再次向上反弹至颈线位,受颈线压制而选择向下时,是最后卖出股票的时机。

头肩底形态图解:与头肩顶呈相反走势,通常出现的频率要高于头肩顶形态,是日常投机者判断价格未来上升的重要手段,即形态完成表明价格将继续上升。(见图3-4)

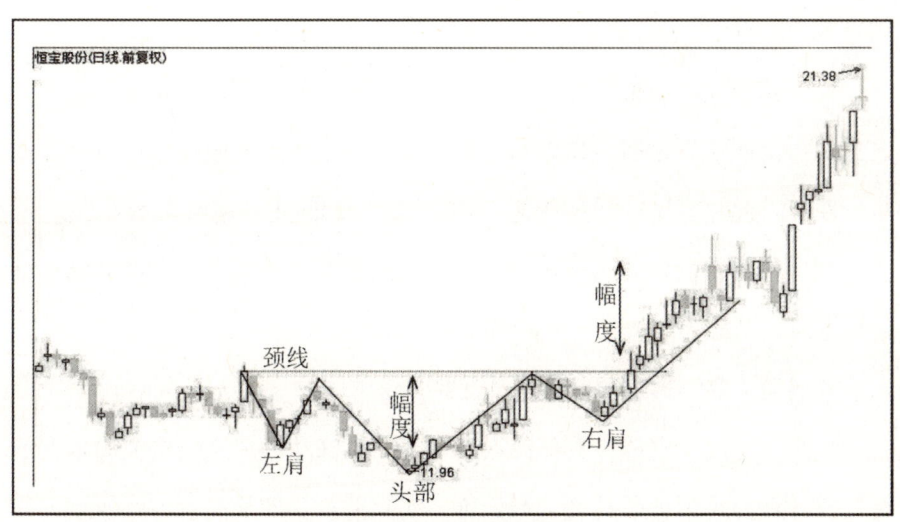

图 3-4　002104 恒宝股份

注：头肩底形态图示，即左右两肩明显高于头部并向上突破颈线时，便告形态完成。

头肩底形态的形成是头部明显低于两肩，即左肩与右肩呈水平或小幅倾斜状。其颈线位的画法则是寻找两肩上方的高点相连并向右形成一条直线，颈线的作用是对未来价格向下回落时的支撑，是形态完全成立的重要标尺。

头肩底形态的识别方法

1. 价格趋势呈下降波浪状并进入末期，头部明显低于左肩且向下回落时，未受到左肩支撑而选择直接向下；

2. 价格向上反弹后，再次向下运行时，但未跌破左肩低点；

3. 价格向上运行并突破颈线部位，且未受到有效压制，便告形态完全成立。

头肩底形态的交易策略

1. 价格呈下降趋势，且有明显的停留或上升（左肩）。当价格再次重回下降趋势时，但成交量并未随价格而减少，是一种常见的价量背离信号，理性观望为宜。

2. 头部形成，而价格向上运行，且未受到左肩压制而选择继续向上。若出现再次回落现象时，应以左肩低点为标尺，作为有效支撑区。待价格重返左肩附近时，便告右肩完成，是向上运行的前兆，适量买入股票。

3. 价格突破颈线后，再次向下回落至颈线位，并受颈线支撑而选择继续向上时，是最为理想的买入时机。

头肩顶（底）形态幅度预测及计算方法

1. 头肩底形态完成，头部低点至颈线上方高点为未来价格波动幅度的标尺。计算公式为：最高价－最低价＝实际差价。即最高价为颈线上方高点，最低价为头部低点，其未来价格上升的第一目标位是回踩至颈线后再次上升的低点加上实际差价的一倍，依次还可以根据价格运动的强弱采用1.5倍、2倍、2.5倍及3倍的方式进行测算。

2. 头肩顶形态完成，头部高点至颈线下方低点为未来价格波动幅度的标尺。计算公式为：最高价－最低价＝实际差价。即最高价为头部高点，最低价为颈线下方的低点，其未来价格下降的第一目标位是反弹至颈线后再次下降的高点减去时间差价的一倍，依次还可以根据价格运动的强弱采用1.5倍、2倍、2.5倍及3倍的方式进行测算。通常情况下价格运行至第三目标位为极限目标。

反转形态图解——三重顶（底）

三重顶形态图解：三重顶形态是头肩顶形态的一种变异，三个头部价位同处一条水平线附近，是价格上升动能不足的表象。常以箱体形式上下运动，即上沿为阻力，下沿为支撑，一旦价格向下跌破箱体下沿，便告形态完成。（见图3-5）

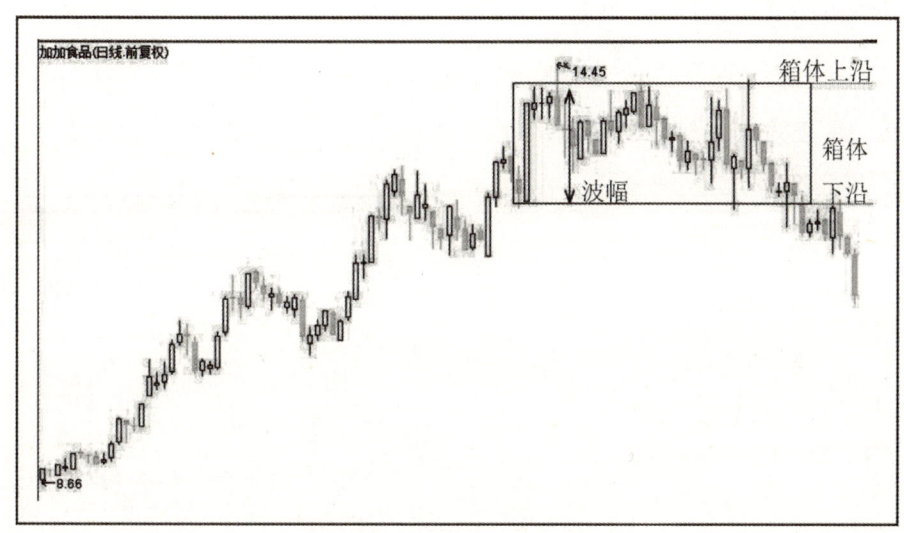

图 3-5　002650 加加食品

注：三重顶形态，即头肩顶的变异形态，当价格同处一条水平线附近时，并向下跌破箱体下沿后，形态确立。

三重顶形态的识别方式

1. 三个价位同处一条水平线附近，且未有明显的突破；

2. 价格向下跌破两个低点后，形态完成并开始向下运行；

3. 两个低点与三个高点确立图形成立的完整性，同时，三个高点为上升阻力，而两个低点为下降时的支撑，支撑破位整理结束。

三重顶形态的交易策略

1. 价格波动幅度越大越易操作，即箱体上沿为卖出股票区域，而箱体的下沿为买入股票区域，跌破箱体下沿止损出局，参与结束。

2. 价格向下跌破两个低点后，即为下降的开始，其下降幅度以箱体的倍数计算，具体可参照双顶之计算公式。

三重底形态图解：与三重顶呈相反走势，头肩底形态的一种变异，三个低点同处一条水平线附近,是价格下降动能不足的表现。且常以箱体形式上下运动,即箱体上沿为阻力,下沿为支撑,一旦价格向上突破箱体上沿,便告形态完成。(见图3-6)

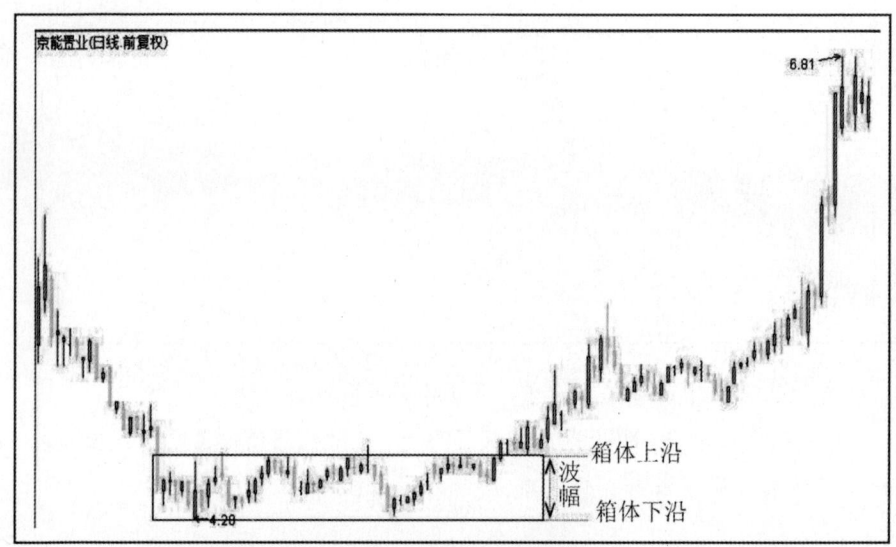

图3-6　600791京能置业

注: 三重底形态,即头肩底的变异形态,当价格同处一条水平线附近时,并向上突破箱体上沿后,形态确立。

三重底形态的识别方法

1. 三个价格同处一条水平线附近,且未有明显的跌破;

2. 价格向上突破两个高点后,形态完成并开始向上运行;

3. 三个低点与两个高点是确立图形成立的要素,同时,两个高点为上升阻力,而三个低点为回调支撑,突破压力整理结束。

三重底形态的交易策略

1. 价格波动幅度越大越易操作,即箱体上沿为卖出股票区域,而箱体的下沿又为买入股票的主要参与区,突破上沿便可再次买入。

2. 价格向上突破两个高点后，即为买入股票的主要参与区，其上升幅度以箱体的倍数计算，具体可参照双底之计算公式。

注：或是三重顶或是三重底，如遇价格向上或向下靠近箱体边沿，再次拐头时，便是较为安全的入场时机。

反转形态图解——圆弧顶（底）

圆弧顶形态图解：与上述形态不同的是，该形态呈半圆状出现在价格的相对高点，且出现频率较低，并不是常见形态。此形态的出现往往预示着价格未来将有较大的下降空间。弧形持续的时间和幅度越大，将来产生的结果就越强，弧颈跌破，形态确立，便告完成。（见图3-7）

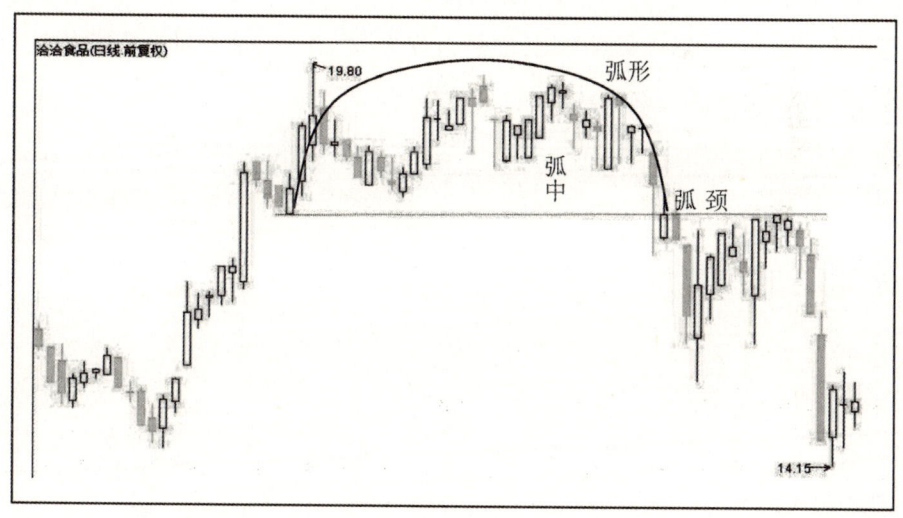

图 3-7　002557 洽洽食品

注：圆弧顶形态的形成是价格在相对高位缓慢运行且呈半圆状，弧颈是确立圆弧顶形成的主要标尺，即跌破弧颈，形态完成。

圆弧顶形态的识别方法

1. 价格在高位缓慢运行，呈半圆状，且左弧与右弧均呈半圆状或左弧高点抬高，右弧低点降低；

2. 价格呈半圆状在高位缓慢运行，且向下跌破弧颈，形态确立，便告完成。

圆弧顶形态的交易策略

1. 根据弧形大小决定交易策略，相对而言，大弧形下跌空间要比小弧形下跌空间大，交易策略类似其他反转形态，颈线是最为有效的判断标准。

2. 弧颈是确立形态完成的标尺，故价格跌破弧颈是最后卖出股票的时机，后期将有较大的下降幅度出现。

圆弧底形态图解：圆弧底与圆弧顶形态呈相反走势运动，且与成交量相配合，即价格下降成交量萎缩（左弧），反之，价格上升成交量将会增大（右弧），因此弧底成交量为最小。（见图3-8）

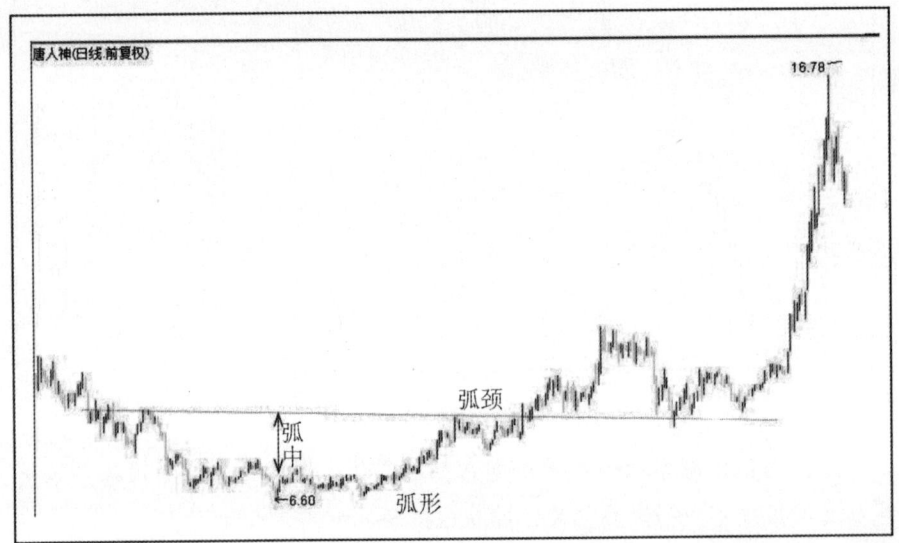

图3-8　002567 唐人神

注：圆弧底形态的形成是价格在相对低位缓慢运行且呈半圆状，弧颈是确立圆弧底形成的主要标尺，即突破弧颈，形态成立。

圆弧底形态的识别方法

1. 价格在低位缓慢运行，呈半圆状运行，且左弧与右弧均呈半圆状或右弧高点抬高，左弧低点降低；

2. 价格呈半圆状在低位缓慢运行，且向上突破弧颈，形态确立，便告完成。

圆弧底形态交易策略

1. 根据弧形大小决定交易策略，相对而言，大弧形获利空间要比小弧形获利空间大，交易策略类似其他反转形态，颈线是最为有效的判断标准。

2. 弧颈是确立形态完成的标准，故价格突破弧颈是买入股票的最佳时机，后期将有较大的上升幅度出现。

注：圆弧顶（底）与成交量的变化，在金融市场中对于股票来说，则表现得尤为突出。如圆弧顶成交量的变化为价格向上成交量增大，价格向下成交量萎缩，且顶部成交量最大；圆弧底成交量的变化是价格向下成交量萎缩，价格向上成交量增大，且底部成交量最小。

反转形态图解——喇叭口

喇叭口形态图解：喇叭口形态是三角形的一种变异形态，通常出现在重要的顶部，它包括三个一个比一个高的峰顶和两个一个比一个低的谷底，当价格跌破第二个谷底后，便告形态完成。相比而言，此类形态要比其他形态更难把握一些，一般也很少出现。（见图3-9）

喇叭口形态的识别方法

1. 喇叭口形态由三个峰顶和两个谷底组成，当价格向下跌破第二个谷底时，形态便告完成。

2. 喇叭口形态颈线是对价格进行再次反抽时的确立标尺，即价格反抽至颈线附近而受阻向下，表示空方已占绝对优势，卖出股票为宜。

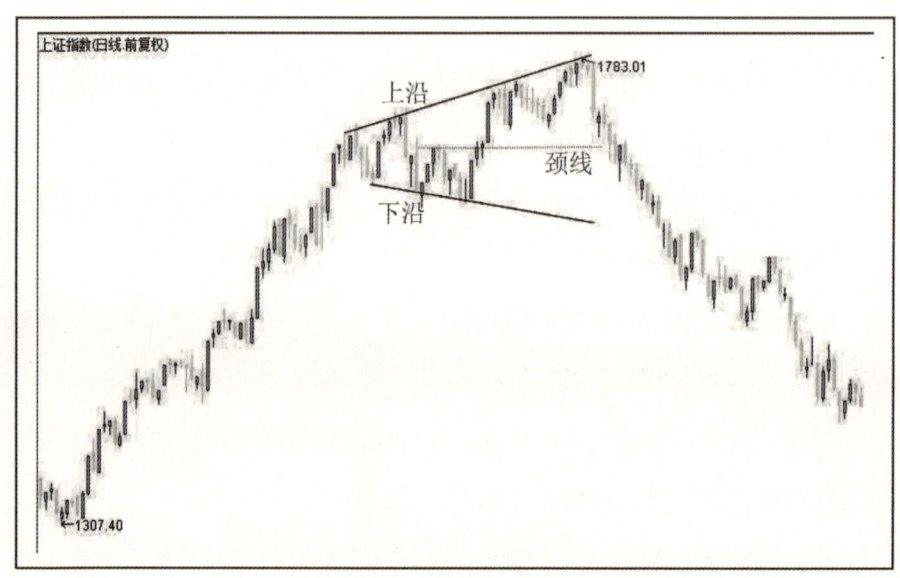

图 3-9　上证指数

注：喇叭口形实为扩散三角形，即上下两条直线，均向外部扩散并与口型呈对称之势。其颈线部位便是口型的 1/2 处。

喇叭口形态的交易策略

1. 喇叭形口径越大越易操作，顺着喇叭口上下两条直线，即上边直线为压力，下边直线为支撑，形态完成，操作结束。

2. 当价格向下跌破第二个谷底后，再次向上反抽至颈线，则对未来价格产生压力，再次向下便是最后卖出股票的时机。

反转形态图解——菱形

菱形形态图解：是另一种极为少见的形态，其形状由两个对称三角形组成，左边三角形呈扩散形，右边三角形呈收敛形或倒扩散三角形。是一种顶部形态，若右边价格跌破三角形下端趋势直线时，便告形态完成。（见图 3-10）

第三章
> >> 价格形态图解

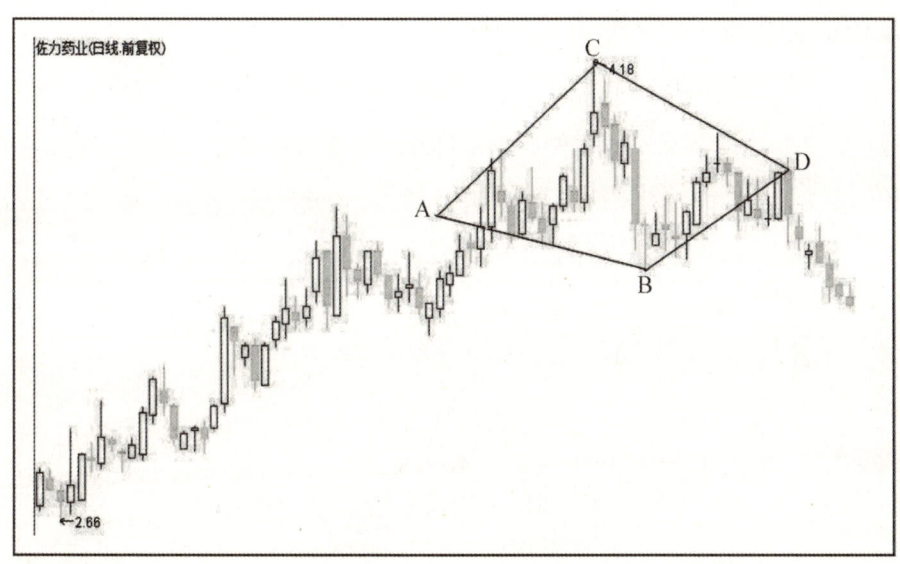

图 3-10 300181 佐力药业

注： 菱形由两个对称三角形组成，垂直距离为价格跌破趋势线后的幅度，即是对未来价格下降幅度的预测。

菱形形态的识别方法

1. 左右呈两个对称三角形，即扩散三角形和收敛三角形，且中心幅度较大；

2. 价格向下跌破收敛三角形趋势线后，便告形态完成，即下降幅度通常是中心幅度的一倍。

菱形形态的交易策略

1. 价格在两个对称三角形内上下波动，即上沿直线为压力，下沿直线为支撑，口径空间为最小，可根据具体波幅少量参与。

2. 价格向下跌破收敛三角形下端趋势线后，形态成立，卖出股票，选择持币最为理想。

97

反转形态图解——V形顶（底）

V形顶形态图解：是价格快速上升后的一种变体形态。即价格快速上升后，又急速向下运动的一种走势，其操作难度相对较高，顶部形成时间较短而下跌速度又较快。（见图3-11）

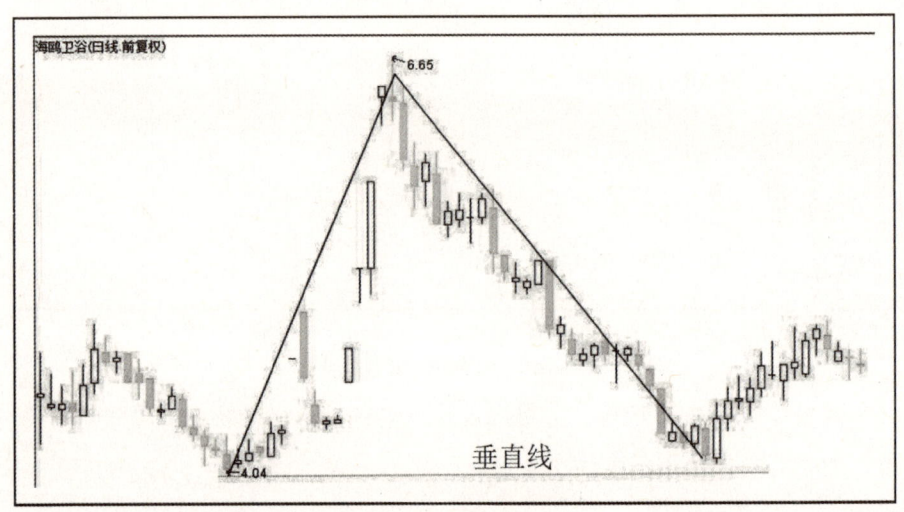

图3-11 002084 海鸥卫浴

注：价格快速上升后，因市场投机气氛较浓。进入上升末期后，在多头势力供血不足、空头势力又较强的情况下，形成快速下降走势。

V形顶形态的识别方法

1. 价格呈上升走势，且速度较快，常以跳空高开低走的方式结束上升；

2. 价格下降至垂直线附近时，便告形态完成，即价格重新选择运动方向。

V形顶形态的交易策略

1. 价格呈上升走势，因多头势力较强出现长阳走势。此时，便可买入股票感受强势上升所带来的快感，直至价格出现高开低走之态势，则表示上升动力减弱，新的走势即将形成，参与者应及时卖出股票。

2. 价格呈下降走势，因空头势力较强出现长阴走势。此时便可持币观望，直至价格出现低开高走之态势，则表示下降动力减弱，新的走势即将形成，参与者可适量买入股票。

V形底形态图解：是价格快速下降后的一种变体形态。即价格快速下降后，又急速向上运动的一种走势，其操作难度相对较高，底部形成时间较短而上升速度又较快。（见图3-12）

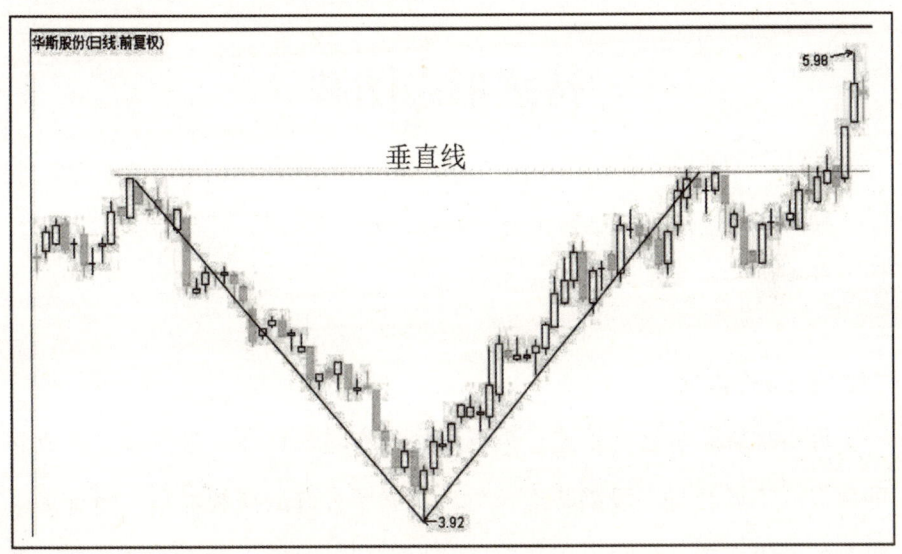

图3-12　002494 华斯股份

注：价格快速下降后，因市场投机气氛较浓。进入下降末期后，在空头势力逐步减弱、多头势力又增强的情况下，形成快速反弹走势。

V形底形态的识别方法

1. 价格呈下降走势，且速度较快，常以跳空低开高走的方式结束下降；

2. 价格上升至垂直线附近时，便告形态完成，即价格重新选择运动方向。

V形底形态的交易策略

1. 价格呈下降走势，因空头势力较强便出现长阴走势。此时，只可观望不可参与，直至价格出现低开高走之态势，则表示下降动力减弱，新的走势即将形成，参与者可适量买入股票。

2. 价格呈上升走势，因多头势力较强便出现长阳走势。此时，便可继续买入股票，直至价格出现高开低走之态势，则表示上升动力减弱，新的走势即将形成，参与者应及时卖出股票。

持续形态图解

持续形态包括：三角形（上升三角形、对称三角形、下降三角形）、矩形、旗形、楔形。

持续形态的含义

价格维持原有运动轨迹，市场事先确有趋势存在，是持续形态成立的前提。市场经过一段趋势运行后，积累了大量的获利筹码，随着买入股票的纷纷套现，价格出现快速回落，但同时对后市继续看多的交易者大量入场，对市场价格构成支撑。因而价格在高价区小幅震荡，并采用横向运动的方式消化获利筹码，重新积聚起能量，然后又恢复原先的趋势。持续形态即为市场的横向运动，它是市场原有趋势的暂时休整。

与反转形态相比，持续形态形成的时间较短，这可能是市场惯性的作用，保持原有趋势比扭转趋势更容易。持续形态形成的过程中，价格震荡幅度应当逐步收敛，同时成交量也应逐步萎缩。最后在价格顺着原趋势方向突破时，应当伴随大的成交量。

三角形（上升三角形、下降三角形）

上升三角形形态图解：即价格呈长期下降走势，待价格进入某一下降区域后反复震荡，并出现低点缓慢抬高且向右上方倾斜。价格向上突破下降主要趋势后，便告形态完成。（见图3-13）

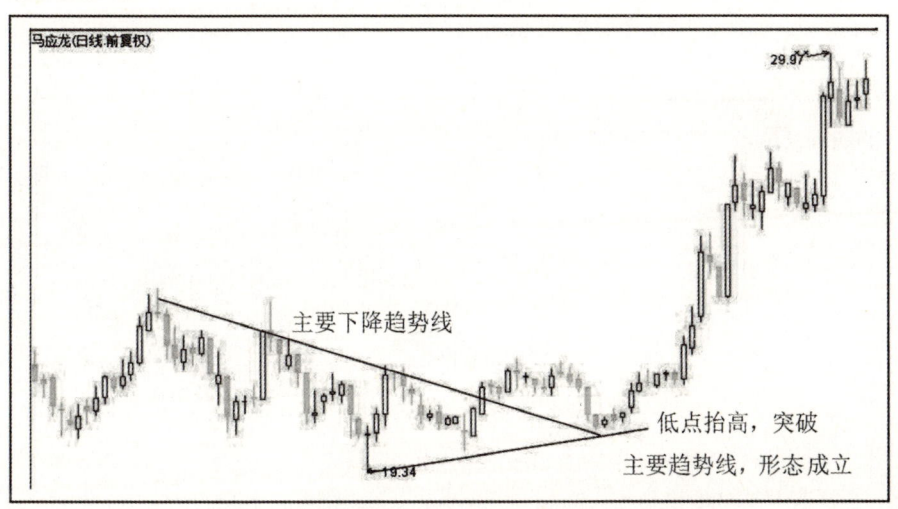

图3-13　600993 马应龙

注：上升三角形，是价格趋势转变中的一种信号提示，即下降行情结束时的持续形态，形态完全形成后，价格便会上升。

上升三角形的识别方法

1. 价格呈下降趋势走势，并出现两个相对低点明显抬高；

2. 价格呈下降趋势走势，经过整理后向上突破主要下降趋势线，便告形态完成。

上升三角形的交易策略

1. 在上升三角形未完全形成以前，价格仍处于看跌态势，虽然价格低点正在逐步抬高，但形态还未完成。三角形不同其他形态，越是接近形态，波动空间就越小，因此，在形态还未完全形成之前，仍是持币等待阶段。

2. 三角形形态完全形成以后，价格向上突破主要下降趋势时，便告形态完成，是买入股票的最好时机。

下降三角形形态图解：价格呈长期上升走势，待价格进入某一上升区域后反复震荡，高点逐步降低且向右下方倾斜。价格向下跌破下降主要趋势后，便告形态完成。（见图3-14）

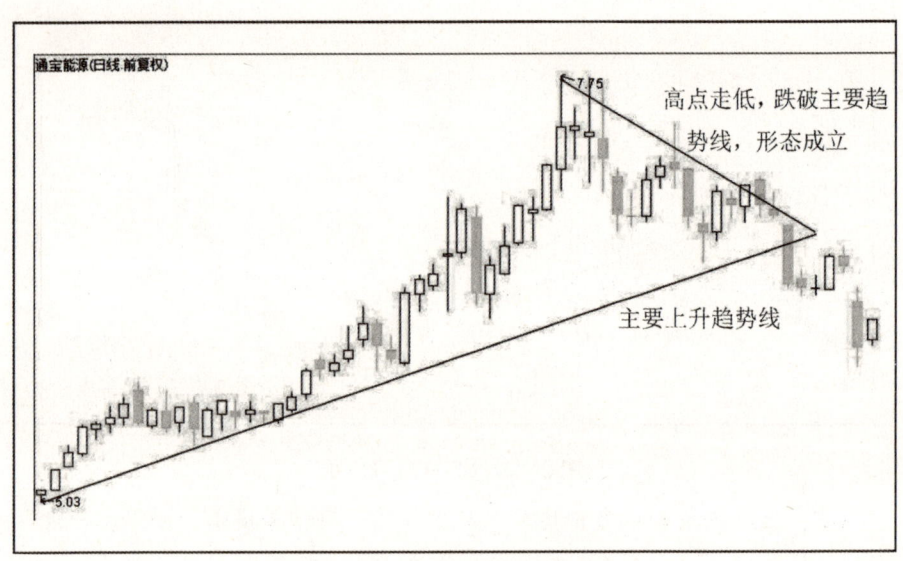

图3-14　600780通宝能源

注：下降三角形，是价格趋势转变中的一种信号提示，即上升行情结束时的持续形态，形态完全形成后，价格便会下降。

下降三角形的识别方法

1. 价格呈上升趋势走势，并出现两个相对高点明显走低；

2. 价格呈上升趋势走势，经过整理并向下跌破主要上升趋势线，便告形态完成。

下降三角形的交易策略

1. 在下降三角形还未完全形成以前，价格仍处于多头态势，虽然价格高点正在逐步走低，但形态还未完成。三角形不同其他形态，越是接近形态，波动空间就越小，因此，在形态未完全形成之前，持币观望、走为上策。

2. 三角形形态完全形成后，价格向下跌破主要下降趋势时，便告形态完成，是卖出股票的最好时机。

矩形形态（上升矩形、下降矩形）

上升矩形形态图解：是一种横向运动的持续形态，一般出现在价格运行的中期，即横向运动后又回到原趋势，其研判方法如同双底或三重底。（见图3-15）

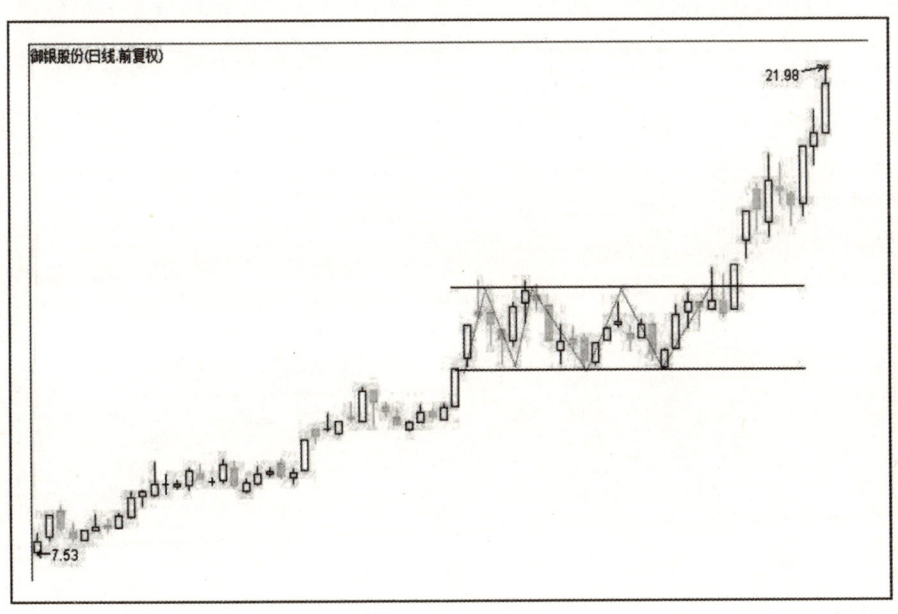

图3-15　002177 御银股份

注：矩形形态是价格进入上升趋势一段时间后，由于多空双方买卖的僵持而出现的横向运动走势，即持续过后价格便重返原趋势方向运行。

上升矩形形态的识别方法

1. 价格进入上升趋势以后，由于多空双方买卖的僵持而出现的横向运动走势，其价格波动通常处在两条水平直线内；

2.价格经过持续整理，向上突破两条水平直线的上端后，便告形态完成，价格将顺着原趋势方向运行。

上升矩形形态的交易策略

1.价格进入上升趋势中期，并出现平行走势，可根据平行走势的波动幅度决定是否交易，即上沿为压力，下沿为支撑。

2.价格向上突破矩形整理平台上端后，便告形态完成，将顺着原趋势方向运行，是买入股票较为安全的时机。

下降矩形形态图解：同上升矩形形态相似，是一种横向运动的持续形态，一般出现在价格运行的中期，即横向运动后，又回到原趋势，其研判方法如同双顶或三重顶。（见图3-16）

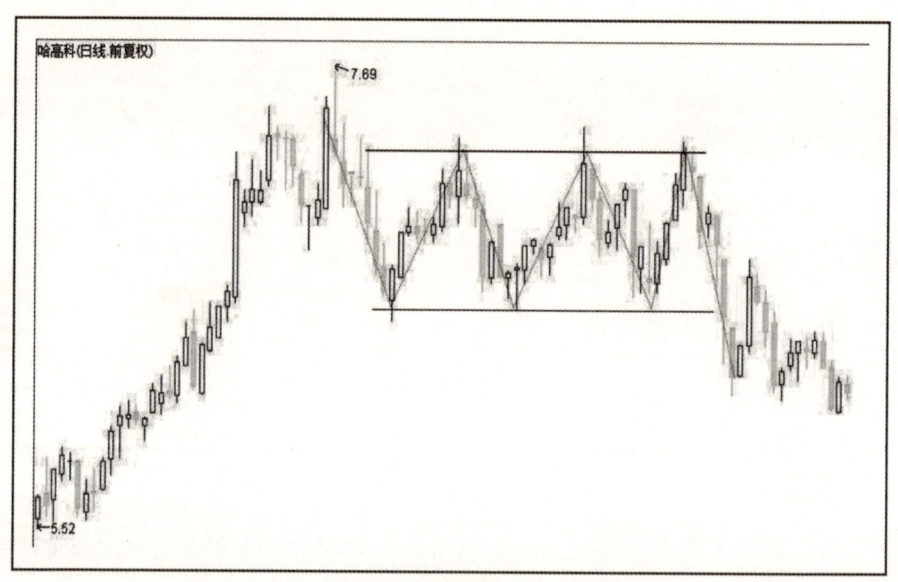

图3-16 600095 哈高科

注：矩形形态是价格进入下降趋势一段时间后，由于多空双方买卖的僵持而出现的横向运动走势，即持续过后价格便重返原趋势方向运行。

下降矩形形态的识别方法

1. 价格进入下降趋势以后，由于多空双方买卖的僵持而出现的横向运动走势，其价格波动通常处在两条水平直线之内；

2. 价格经过持续整理，向下跌破两条水平直线的下端后，便告形态完成，价格将顺着原趋势方向运行。

下降矩形形态的交易策略

1. 价格进入下降趋势中期，并出现平行走势，可根据平行走势的波动幅度决定是否交易，即上沿为压力，下沿为支撑。

2. 价格向下跌破矩形整理平台下端后，便告形态完成，将顺着原趋势方向运行，是卖出股票的最后时机。

收敛三角形、旗形

收敛三角形形态：与上升或下降三角形形态不同的是，该形态常出现在价格运行的中期。是价格经过快速上升后的整理形态，通常回落幅度是上升幅度的 1/2。（见图 3-17）

收敛三角形形态的识别方法

1. 由底部整理结束，价格进入快速上升时期，因动能不足而向下回落至上升时期幅度的一半时，便构筑形态。随后，价格向上突破下降趋势线后，便告图形完成。

2. 收敛三角形形态完成后，价格向上突破，仍会向下回落并回落至下降趋势附近时，再次上升，其上升幅度通常与初始上升幅度等同。

收敛三角形形态的交易策略

1. 与上升三角形和下降三角形相似，即价格形态构筑阶段，其波幅将会越来越窄，且操作空间较小，理应回避。

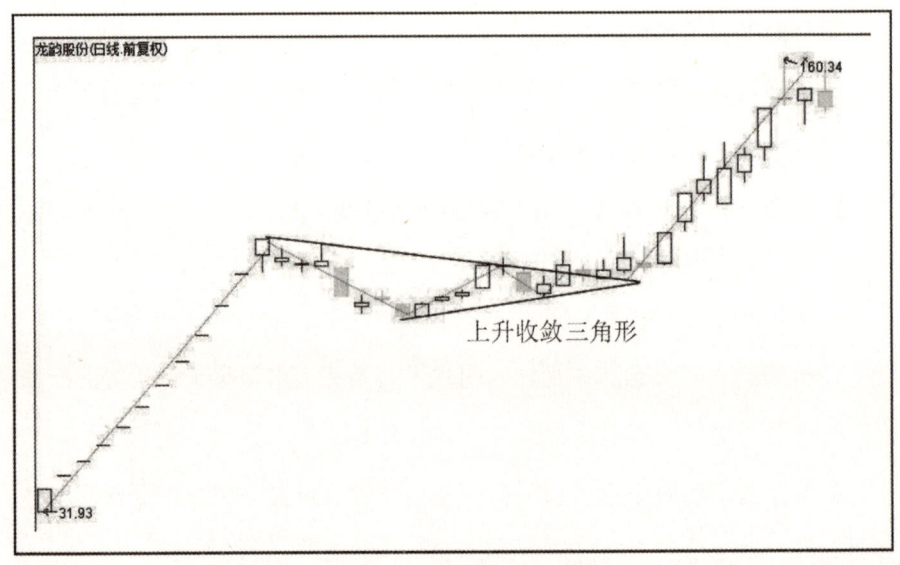

图 3-17　603729 龙韵股份

注：收敛三角形不同于上升或下降三角形，常出现在价格运行的中期，是快速上升后的整理形态。待整理结束后，价格将重返原趋势方向运行。

2. 当形态完全形成后，价格再次重返原趋势运行时，便是买入股票较为安全的时机。

旗形形态图解：类似收敛三角形形态，常出现在价格运行的中期，都有一个快速上升的过程，且在初始上升阶段都以突破平台的形式而向上攻击。通常回落幅度是上升时期的1/2。（见图3-18）

旗形形态的识别方法

1. 价格突破底部整理平台后快速向上冲击，因动能不足而向下回落至上升旗杆的1/2或1/3时，标志着形态开始构筑。随后，价格向上突破下降趋势线，形态便告完成。

2. 旗形形态完成以后，价格向上突破，仍会向下回落，当回落至下降趋势附近时，再次上升，其上升幅度通常与初始上升幅度等同。

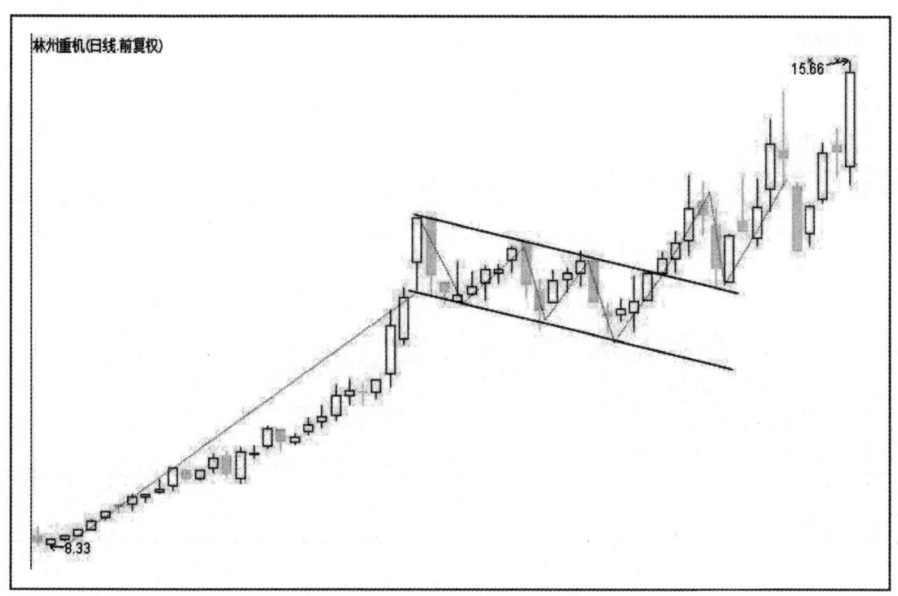

图 3-18　002535 林州重机

注：通常在剧烈的上升运动之后，趋势运行中的一个短暂停顿，且形态与主趋势方向相反，一般出现在趋势运行的中级阶段。

旗形形态的交易策略

1. 价格快速上升之后，进入图形构筑阶段，并在等距水平线之内上下波动，其交易策略可参照平行线交易法则。

2. 形态构筑完成后，价格再次重返原趋势方向运行时，便是买入股票较为安全的时机。

上升楔形、下降楔形

上升楔形形态图解：类似于收敛三角形，都有两条明显斜率的直线，且幅度越来越小，是价格进入中期上升趋势后的休整形态。形态完成后，价格将重返原趋势方向运行。（见图 3-19）

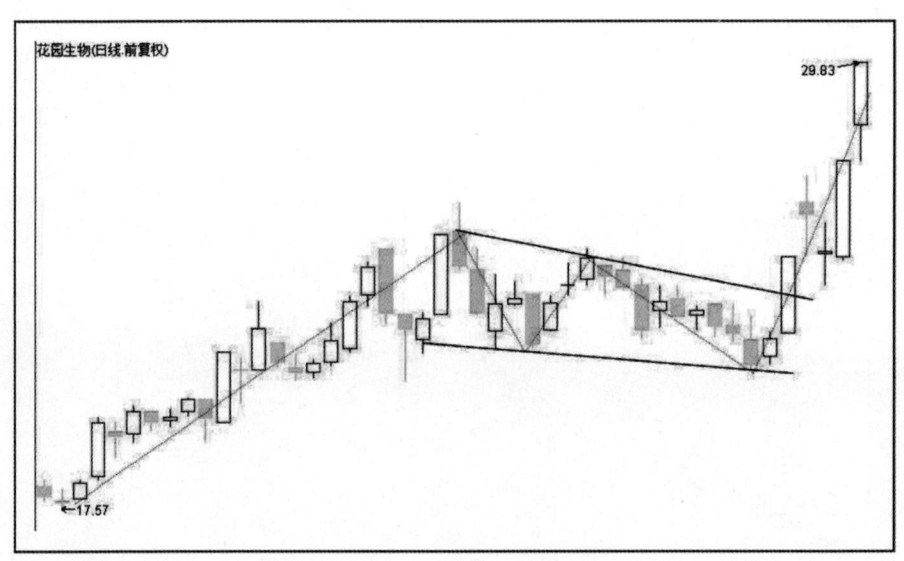

图 3-19　300401 花园生物

注：上升楔形形态类似于收敛三角形，都有两条明显的斜率直线，且波动幅度越来越小，价格突破，便告形态完成。

上升楔形的识别方法

1. 形态类似收敛三角形，是价格经过上升时期之后的一次短暂休整，休整过后将重返原趋势方向运行。与收敛三角形所不同的是，两条直线均朝缩口右下方倾斜；

2. 价格向上突破下降趋势线后，便告形态完成，则会沿顺原趋势方向运行。

上升楔形的交易策略

1. 价格进入休整阶段，因波幅空间有限并朝缩口方向收敛，且无多大操作意义，投机者完全可以选择放弃。

2. 形态完全形成后，价格便向上突破下降趋势线，且重返方向与原趋势一致，是买入股票的最好时机。

下降楔形形态图解：与上升楔形呈相反方向走势，是下降趋势中的中期休整，且休整的波幅会越来越小。形态完成后，价格将重返原趋势方向运行。（见图3-20）

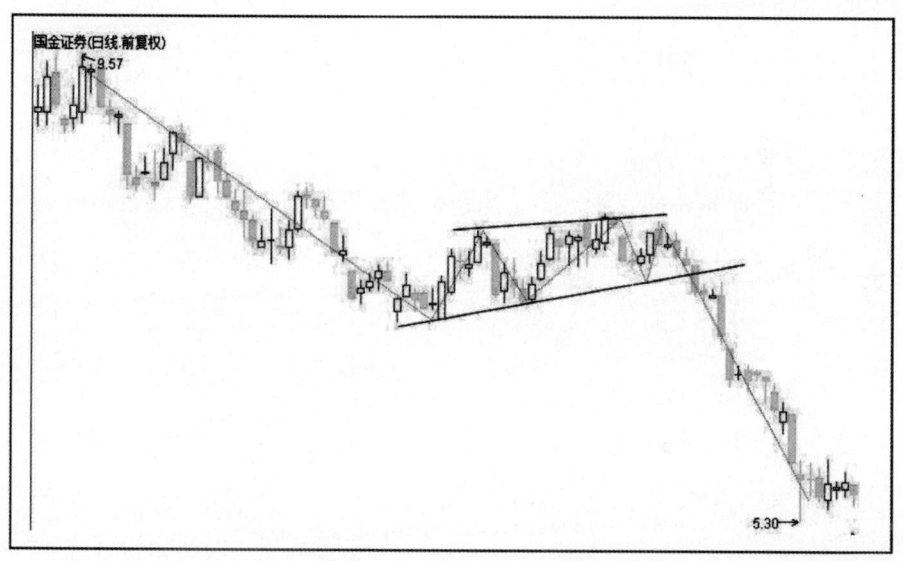

图 3-20　600019 国金证券

注：下降楔形形态类似于收敛三角形，都有两条明显的斜率直线，且波动幅度越来越小，价格跌破上升趋势线，形态便告完成。

下降楔形的识别方法

1. 形态类似收敛三角形，是价格经过下降时期之后的一次短暂休整，休整过后将重返原趋势方向运行。与收敛三角形所不同的是，两条直线均朝缩口右上方倾斜；

2. 价格向下跌破下降趋势线后，便告形态完成，则会沿顺原趋势方向运行。

下降楔形的交易策略

1. 价格进入休整阶段，因波幅空间有限并朝缩口方向收敛，且无多大操作意义，投机者完全可以选择放弃。

  2. 形态完全形成后，价格便向下跌破上升趋势线，且重返方向与原趋势一致，是卖出股票的最后时机。

小结：

  形态即是结构调整之变化，也是艺术的一种勾画，在似形非形中反复演变运行。辨识价格形态及形态分析是操盘手们必须钻研的一门功课，若对其了解甚少或不了解，那么，将很难发现价格在摆动变化中的演绎形态。例如，一位建筑设计师在进行对房屋建造构想时，必然会是先从房屋的地基、地基的深度、房屋组成的重要结构等思考与勾画。而肯定不会先去考虑房屋建造的其他结构，如用钢构还是混凝土建造等。然而，价格运动中的图形演化也是如此，当你考虑对某只股票进行投资或投机时，首先应该考虑的是价格趋势运动的方向，其次就是价格趋势运动方向中存在的各种形态，最后才去考虑是否买入股票。这便是一套完整的操作思路。

  那么，就形态的演变与勾画而言，任何一只股票都存在着价格趋势运动方向及运动中的形态演变，这是其存在的根本。

  形态变化各异，但都可预测。概括来说，市场中存在两大形态，即持续形态与反转形态。持续形态又称整理形态，而整理形态的出现通常是在价格转变或运行过程之中，是一种修正态势。反转形态则不同，其出现的位置基本是在上升或下降行情出现较大的转折时，以各种形态的演绎而结束一段上升或下降走势的行情。其转折一旦确认将会在未来很长一段时间通过价格与时间来进行消化，无论是上升还是下降。所以当我们发现价格运行过程中有演变成反转形态的图形时，一旦确立，其后期的上升下降都会很漫长，确立方向后，就可沿顺趋势的运动方向进行交易。

不可回避的事实是任何市场任何股票都必须关注三个方面：趋势运动、形态演变及涨跌速率。而形态列在趋势运动之后，也就是说，趋势在正常运行过程中无论是向上还是向下都必然会出现一个或多个图形的演变。然后，除确立趋势的运动方向外，参与者务必将形态学进行较深层的学习，方能在价格趋势运行中读懂市场。寻找规律，发现形态演绎，观察其涨跌速率。

第四章

时空维度

> 物体运动之变化，时空轮回之必然。万物轮回皆因时、因势而变，变中有形，形势使然。

价格波动原理——浪形变化

价格波动原理：物体运动变化中的时间与空间，时空轮转是一种秩序，秩序则又有律可循。物体的变化随时间与空间而反复，反复波动的自然现象便是研究者的重要思考部分。如股票的价格波动，时而上升，时而下降。其结论是从无序到有序，有序是从客观角度分析而得来。时间与空间在某种程度上来讲却又有相同，如波浪理论之八大循环浪，周而复始，循序渐进。

波浪理论概述

令人惊奇的趋势分析工具——艾略特波浪理论。道氏理论告诉人们何为大海，而波浪理论将会指导你如何在大海上冲浪。作为一种趋势分析工具，艾略特波浪理论较为常用，群体心理是该理论的重要依据，清淡的交易市场难以发挥它的作用，狂热时才会更加有效。

波浪理论由美国华尔街著名投资大师艾略特先生提出，并于1938年出版《艾略特波浪理论》。该理论的形成及主导思想,来源于对道氏理论的深入研究和美国道琼斯工业指数以及铁路指数的参考。在市场中还有另一种研判方法,那就是价格在上升或下降时,都有一种规律可循,并将这种规律归纳为上升5浪,下降3浪的走势,与价格图形的变动完美结合。令人惊叹的是,每一次的对照都较为精确,例如,对美国工业指数在1929年创下的386点进行预测,该理论是那么的完美精确。时至今日,市场中仍有绝大多数的预测都来源于对该理论的参考。

波浪理论的浪形变化

波浪理论的主要研究基础是八大浪之循环,即推进波与调整波,推进波的结构形成是5—3—5—3—5波,调整波的结构形成是5—3—5波,是人们常说的上升5浪与下降3浪的循环走势。更为通俗地讲就是,一个完整的推进波由5个上升波组成,用数字来代替的话是1、2、3、4、5,而

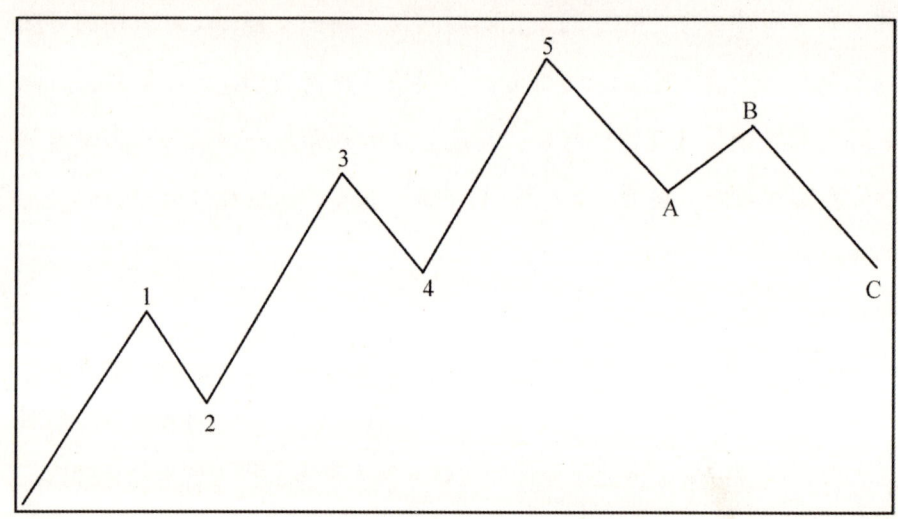

图4-1 基本波中的推进波与调整波

注:推进波上升5浪——1、2、3、4、5浪,与调整波下降3浪——A、B、C浪相结合,是完整的八大浪循环走势。

一个完整的调整波由 3 个下降波组成,用字母来代替的话是 A、B、C,推进波与调整波构成八大浪的循环。(见图 4-1)

根据波浪理论之数浪要领,波级运动规律有如下特征,在周期长的推进波和调整波中,还另存着周期稍长的推进波和调整波,依次变化,将会出现较小的波幅,故研究者要时刻牢记数浪之要领并通过波的形态、波幅比例和持续时间来进行综合判断,方能奏效。

波级循环

波的循环级别	方向波	调整波	完整波
循环波	1	1	2
基本波	5	3	8
中型波	21	13	34
小型波	89	55	144

波浪的基本形成概念

1. 一个运动之后必有相反的运动发生;

2. 主趋势上的推进波与主趋势方向相同,通常可分为低一级的 5 个波幅。调整波与主趋势方向呈相反走势——或上升或下降,通常可分为更低一级的 3 个波幅;

3. 基本波的 8 个运动(5 个上升、3 个下降)构成一个循环周期,又形成上一级波动的两个分支;

4. 价格形态并不随时间而改变,波浪时而伸展,时而收缩,但其基本形态不变。

波浪的进一步划分

基本波指导下的中型波级划分,即主要趋势下的波幅运动,每一个主要波幅中都将有更低一级的推进波 5—3—5—3—5 和调整波 5—3—5 的循

环走势。（见图 4-2）

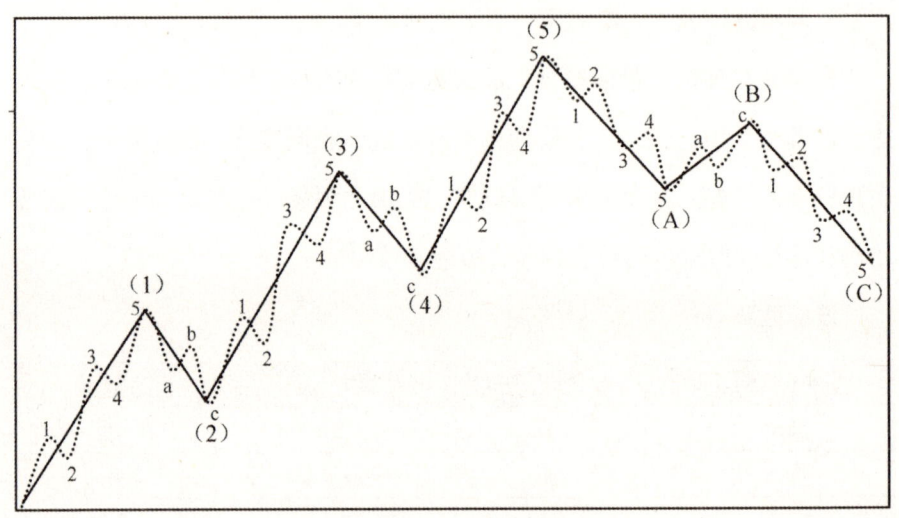

图 4-2 中型波中的推进波与调整波

注： 基本波中形成的中型波级循环走势。推进 5 波中的每一个波级都将又形成一个更低一级的波，如上图所示，1、3、5 基本推进波由更低一级的波组成，2、4 调整波由更低一级的波组成。调整 3 波中波级如同推进 5 波，都将又形成一个更低一级的波。

波的形成即大波之中有小波，小波之中还有更小的波。周期不同则演变的时间与空间也不同，如老子《道德经》所讲，道生一、一生二、二生三、三生万物。无限的扩大与缩小将是浪形反复运动的形式，如若不能正确数浪，那将是洪湖水浪打浪，真不知哪浪是哪浪。

下面则是更为低一级的浪形变化，其难度要高于中型波的变化。（见图 4-3）

延伸波与调整波的浪形变化

延伸波波幅运动并不是固定的，1、3、5 上升或下降波中，常会出现更低一级的浪形运动，如上所言，无论进行怎样的变化其八浪的循环是不

变的。（见图 4-4）

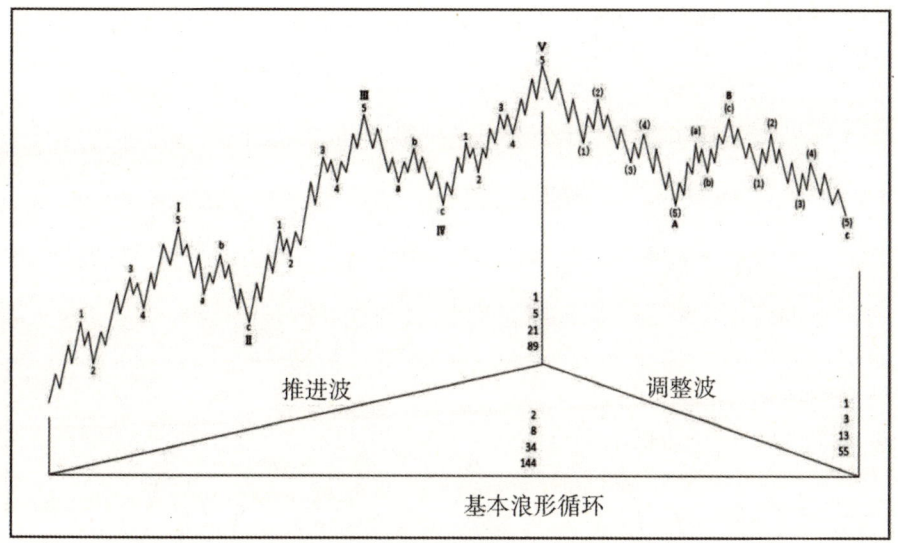

图 4-3　小型波中的推进波与调整波

注：图示为整个波形的划分。即一个完整的基本波由 8 个浪形组成，中型波由 34 个浪形组成，而小型波由 144 个浪形组成，三个波级同时存在。

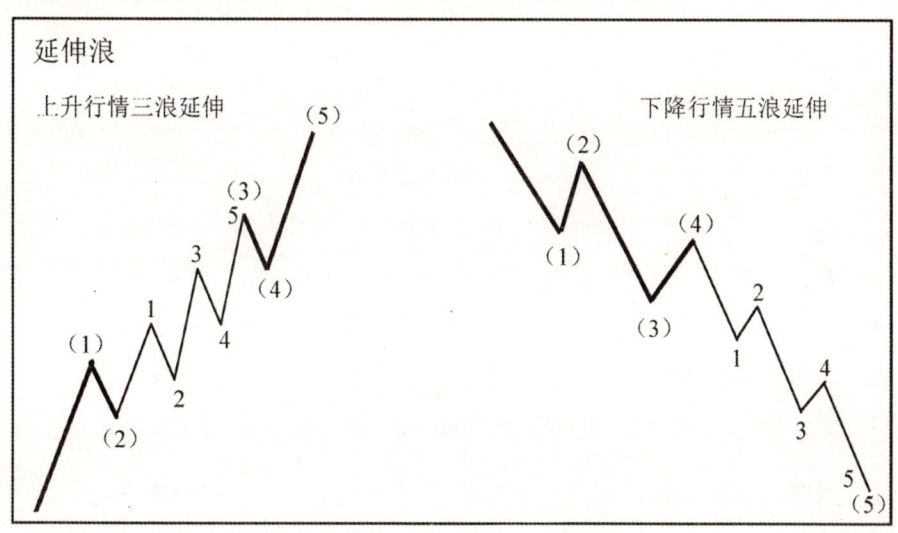

图 4-4　延伸浪浪形变化

注：延伸浪并不是固定的，在任意一浪中都有可能出现延长。其原因

主要是，参与者对某一时间段内的价格波动向理想的一方意愿太强。如图4-4所示，延长有可能是在3浪出现，也有可能在5浪出现，也可能会在1浪出现。

调整波的浪形变化，主要源自某价格波动区间的结构与意愿对其产生的影响。之所以称其为不规则浪形变化，是价格波动未按正常浪形运行，而是由各种图形来完成整个循环。如遇此种情况，通常分析者需要结合各种形态的变化及浪形规则来进行研判。（见图4-5）

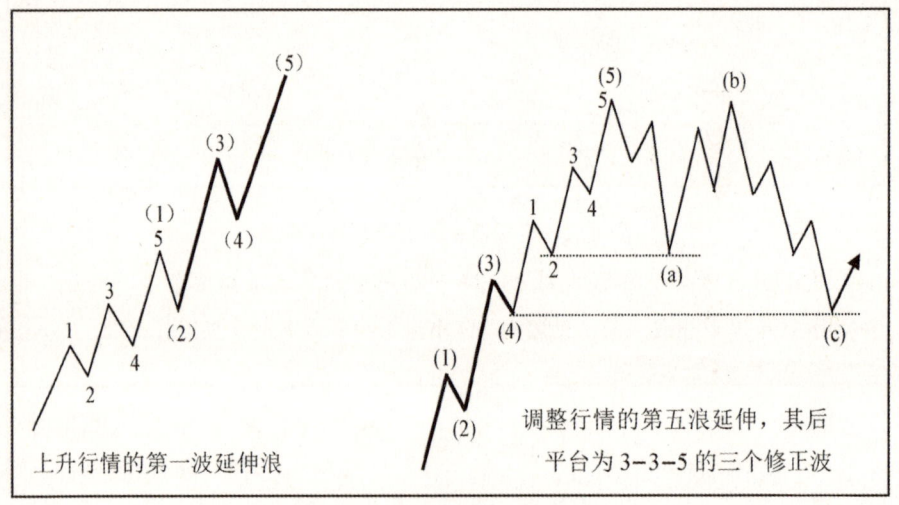

图4-5　调整波浪形变化

注：所谓3—3—5浪形修正，是价格进入调整期所出现的形态，如图4-5浪形变化类似头肩底形态，但并未按照头肩底形态的预想运行。

修正波变异形态

修正波变异形态，即形态与浪形融为一体。给人以似图非图、似形非形的感觉，形态之中有浪形，浪形之中又有形态，是一种多边体，常以形态形式运行，如N形或头肩底变异形态等。N形形态又称A、B、C三个浪形，是价格修正过程中的常见形态。（见图4-6）

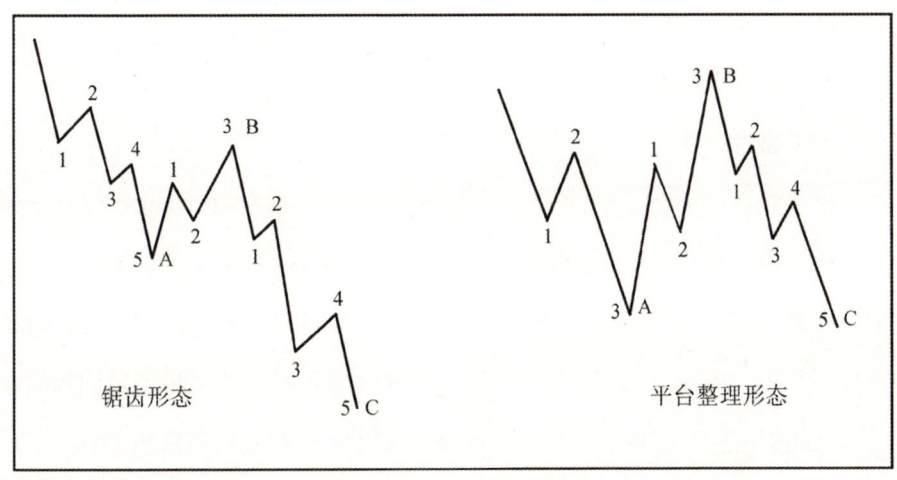

图 4-6 修正波变异形态

注：整理形态变异常以形态调整来完成循环波浪，其形态的多变如第三章所述价格形态之变化。

波浪理论结构与分析

数浪原则

数浪用于辨识艾略特波浪理论浪形运行正确与否，即正确的数浪则可以提前预知价格的未来变化，反之，将无法使用该理论继续对价格变动做出正确的研判。波浪理论的精妙之处，在于艾略特先生对价格变动时间和空间的数理化测算和发现未来价格的波动范围。正确的原则是：（1）第3浪永远不会是1浪和5浪中最短的一个；（2）第4浪的浪底不会低于第1浪的低点（倾斜三角形除外）；（3）交替原则——几乎在所有波浪的运行中，其波浪的形态是维持着交替出现的形式，市场不会以同样的方式演变。后一次顶（底）部的形成方式绝不会与上一次一样，如果第2浪以简单的形态出现，那么第4浪倾向于以复杂的形态出现，反之亦然（第4浪以复杂形态出现的概率将很高，通常会在第1个级别的第4小浪范围内完成该调整走势）；（4）延长规则——1、3、5浪中只有一浪延长，其他两个波浪的长度和运行时间基本相似。

波浪特性

推进波

第1浪：（1）几乎半数以上的第1浪是属于营造底部形态的一种，第1浪循环的开始，下降行情跌势未尽，上涨力量并未增强，加上抛盘继续存在卖压。因此，在这种情况下第1浪上升之后，出现第2浪调整回落时，其回落的幅度往往很深。（2）另外，半数的第1浪出现在长期盘整完成之后，在这种情况下出现的第1浪，其行情上升幅度较大，一般第1浪的涨幅通常是5浪中的最短一个。

第2浪：第2浪是下跌浪，由于价格刚刚出现扭转，看多信心还未完全恢复，仍有看空者存在。其调整下跌的幅度相对较大，有几乎吃掉第1浪升幅的可能。当价格向下跌至接近底部（第1浪起点）时，看跌心理逐渐减弱而看涨心理开始逐步增强，此时，第2浪调整才会结束。在此，浪形的变化经常会出现图表中的转向形态，如头肩底或双底等。

第3浪：第3浪通常是上升较为有力的行情，在价格浪形变化逐渐明朗和投资人买入气氛增加的同时，价格将会不断向上刷新高点，尤其是在突破第1浪高点或整理形态时，常会以跳空的方式向上运行。此段行情最为激烈，且因买入势态不减而出现延长浪。

第4浪：第4浪是行情大幅上涨之后的调整，通常以较复杂的形态出现，如倾斜三角形走势，但第4浪的底部不会低于第1浪的顶点，形成过程中引领股票往往会出现小幅回落，而其他股票则在转势之中，且上下波动较大。

第5浪：第5浪涨幅通常小于第3浪或同于第1浪，且经常有失败的现象发生。由于多空争夺的激烈，价格在高位会出现反复震荡，后市看空者逐步增加，认为市场不明者将会离场。

调整波

A浪：A浪是市场下跌的开始，但由于大部分人士缺乏对市场的正确认识而对上涨存有侥幸心理。其实，A浪的下跌在5浪结束时已有信号提示，如价格出现滞涨或技术指标出现背离等。若价格在此出现整理也不违常理，其原因是买入者仍对后市乐观看待。

B浪：B浪是A浪之后的反弹行情，也是卖出股票的最后时机。但由于大多数投资者误以为是另一波段的涨势，因此B浪的形成常为"上升陷阱"，在此遭遇套牢的投资者不在少数。

C浪：对于C浪而言，针对证券市场个股而言跌势较为强劲，尤其是跌破B浪低点时，价格常以跳空的方式运行，几乎无任何喘息之机。

价格波动原理——时空预测

时间维度

价格波动时间维度是指，证券市场中操盘手们对价格波动过程中的时间测算（波谷到波峰或波峰到波谷的时间），用以在某个时间段内进行变盘预测。此种分析方法，对股票投资人来说，是最为常用的一种分析手段，也是较为有效的分析工具。时空预测主要是侧重于对价格波动时间和空间预测的一种方法，并通过各种案例来证实，对日常生活中都可遇到的一些事物的发展变化进行思考。

为此，需要说明的是，该预测方法除证券交易外，在其他不同市场上均能为你带来意想不到的收获。

那么，什么是时间维度？时间维度就是价格在变动中出现的波谷与波峰之间的时间间隔，有着反复循环的规律，这项规律被人们称为时间周期的循环，即周期循环理论。周期循环理论是一套由浅入深的数字化理论，其运用的方式是由简单的阿拉伯数字相互"加减乘除"后的一种简易计算，而最后所得出的结果，则是未来价格波动中所出现的顶或底的变盘走势，故被后人称为一个百研不厌的神秘论点。

时间维度引点

在此，我们需要提到一组数字，那就是斐波那契级数（1、1、2、3、5、8、13等），各项数字之间都存在一些重要的比例关系，如：0.618、1.618、2.618、0.382等等，是预测波动时间和幅度的关键。斐波那契级数是由13世纪的数学家斐波那契先生所发现。公元476年至公元1453年是欧洲的黑暗时期，这一时期内欧洲的哲学家、数学家们都纷纷涌入印度、阿拉伯等地区，且在地中海一带慢慢地形成文化、商业、数学，是新观念的发源地。

中世纪初期，比萨（意大利中部城市）就成为商业贸易中心，建设了港口，毛皮、羊毛、钢铁、铜、锡、香料等都要用黄金作为主要货币进行交易。比萨的经济力量大大发展了皮革业、造船业、钢铁业，不仅如此，政治也相当健全。例如，主要地方官在任期未满之前不受任何俸金，当任期结束时由审查官审查是否有资格获得俸金。斐波那契就是当时考核官员们的审查官之一。

斐波那契生于1175年，是一位很有名望的商人及政府官员的儿子，也许就住在比萨城的某个城堡之中。这些城既是工作的场地，也是抗击入

第四章
> >> 时空维度

侵者的阵地，更是人们居住之地，在斐波那契先生那个时代，著名的比萨斜塔正在修建。斐波那契孩童时期就很熟悉商业活动，包括使用算盘，算盘是当时欧洲最为广泛使用的计算工具。虽然其母语是意大利语，但他精通法文、希腊文，甚至拉丁文。后来斐波那契的父亲被派往北非任职，为了让斐波那契完成学业，父亲让他一起前往，这样斐波那契就开始了他在地中海一带的公务旅行。在一次埃及之行后，他出版了著名的《算数》一书，将十进制计数系统引入了欧洲。十进制计数系统包括：0、1、2、3、4、5、6、7、8、9，也就是后人熟知的阿拉伯数字。

这项数字在斐波那契《算数》一书中提出，也就是我们现在所称的斐波那契级数数列：由 1、1、2、3、5、8、13、21、34、55、89、144……这一数列将无限延伸。数字的出现并无限延伸，源于斐波那契先生的一个假设：若一对兔子在封闭的环境中，从出生以后第二个月开始每月繁殖一对兔子的话，那么从这一对兔子开始，一年后会繁殖出多少对兔子呢？

首先，兔子要两个月之后才能进行繁殖，那么第一、第二个月仍然都会是一对兔子，第三个月繁殖出一对新生兔子，则有两对兔子。一旦开始繁殖，则每月产出一对兔子，因此在第四个月就有了三对兔子，到了第五个月，最初生产出的兔子也可以进行繁殖了，则会有五对兔子。如此下去，繁殖的兔子数目为上述所讲的斐波那契级数：1、1、2、3、5、8、13、21、34、55、89、144……

时间预测

时间预测则由斐波那契数列，前后两个数字相加而得出第三个变动数字，即价格未来的转折点。其每组数字相加的和，都对未来价格有着神秘的作用，当价格触及该数字时，便是顶底之变。（见图4-7）

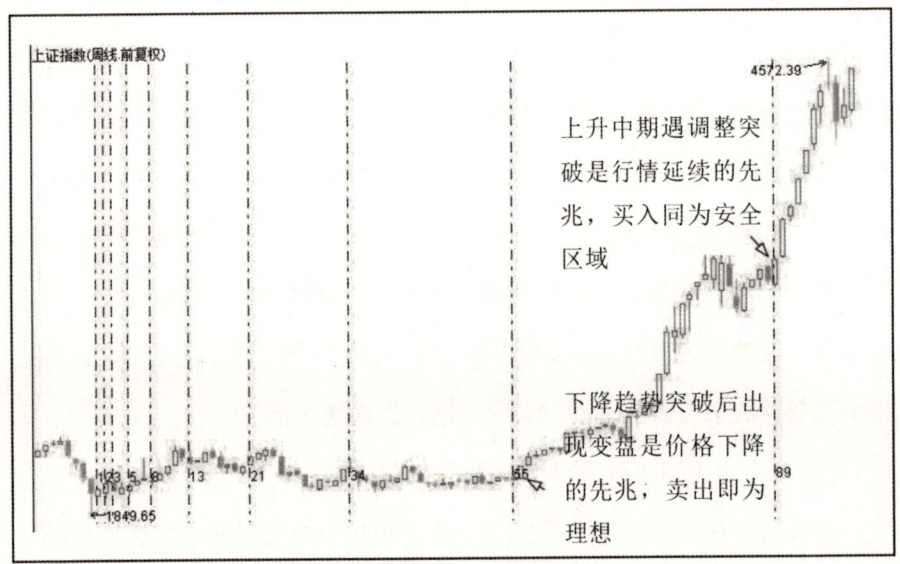

图 4-7 上证指数

注：竖线所触及 K 线，便是价格周期变动之日，非顶即底也由此而得出。该比例测算方法是由波谷 1849.65 点起，并向后无限延伸，所见延伸数字最大值为 89 周。

自然法则与变动法则所到之处均有律可循。斐波那契数列既能通过自然法则指向变动法则的变盘周期，同样也能预测价格未来涨跌空间，神奇数列的奥秘就在于，能够不断探究和运用并使其神秘化。

一、借助自然波动天数，如一周有 7 天，一月又有 4 周，一年又有 52 周或 365 天左右的自然数字，取其"4"的数字作为固定乘数与斐波那契排列数进行相乘、相加后，便可得出另一组斐波那契延伸数字，这些数字总是具有相互联系的作用。（见表一）

表一 神奇数列排列

4×3=12+1=13	4×5=20+1=21	4×8=32+2=34
4×13=52+3=55	4×21=84+5=89	4×34=136+8=144

除此之外，在斐波那契级数中，相邻两项之和等于下一项，例如

1+1=2、1+2=3、2+3=5、3+5=8 等等。后一项与前一项之比大约为 1.618，或者前一项与后一项之比大约为 0.618（除前几项外）。如表二、表四的斐波那契级数项的比例关系。

任一项与后一项之比值大约等于 0.618，与前一项之比值大约为 1.618。数字越大，这一比值的近似程度越好，任一项与前两项之比值大约为 2.618，或者与后两项之比值大约为 0.382。这四个比值之间还有如下一些有趣的性质：

（1）2.618−1.618=1

（2）1.618−0.618=1

（3）1.000−0.618=0.382

（4）2.618×0.382=1

（5）2.618×0.618=1.618

（6）1.618×0.618=1

（7）0.618×0.618=0.382

（8）1.618×1.618=2.618

二、除了 1 和 2 以外，将斐波那契级数的每一项都乘以 4，然后每项再顺序加一个斐波那契级数的项，则又形成一个斐波那契级数，如表一所示。这一特性可能是来源于斐波那契级数中任一项与前三项之比值为 4.236 或任一项与后三项之比为 0.236，且 4.236 与 0.236 差值为 4。

表一所示内容，取数字 4 与斐波那契排列数相乘再加上排列变动数，将又重新得出另一组数字，即斐波那契新生数。同时，也为后期空间预测留下了伏笔，所谓空间预测，就是利用斐波那契排列数的和值进行的黄金分割比率分析。

空间预测

黄金比率，对未来价格波动空间的预测。由斐波那契数列前后间隔两个数进行乘除所得出，其中 0.618、0.382、1.618、2.618 均对后期价格产生较为强劲的压力与支撑作用，现将这些数字列表一一公布如下。（见表二、表三、表四、表五）

表二　神奇数列 0.618

5/8=0.625	8/13=0.615	13/21=0.619
21/34=0.617	34/55=0.618	55/89=0.6179

表三　神奇数列 0.382

5/13=0.3846	8/21=0.3809	13/34=0.3824
21/55=0.3818	34/89=0.382	55/144=0.3819

表四　神奇数列 1.618

144/89=1.6179	89/55=1.618	55/34=1.6176
34/21=1.619	21/13=1.615	13/8=1.625

表五　神奇数列 2.618

144/55=2.618	89/34=2.6176	55/21=2.619
34/13=2.615	21/8=2.625	13/8=2.6

以上各表所得之和，凡贴近 0.618、1.618、2.618 和 0.382 比率之时，价格就会受到一定的阻力和支撑。其中 0.618 和 0.382 的压力与支撑区最为常见，通常是技术分析者判断未来价格升降的主要参考依据。

黄金分割率基础

黄金分割率，由斐波那契级数相互排列并划分出一定比例关系，在图表中显现。以 0.5 为中心轴向上或向下划分，其上下比率相加的和为"1"，这个数字是始终不会改变的。中心轴上下两端则是价格的波动空间,若价格脱离黄金分割比率波动空间,将需要通过更大幅度的顶点和低点来重新测算。

黄金分割画法

上升黄金分割线,是由价格的高点与低点相连,便会在图表中出现几条已按比率关系分割出的线条,且每条线段都有明确的比率表示,如0.5、0.618、0.809和0.382、0.191,在其整数位加"1"或"2"等意思相同,其上下两组数字的和均为整数。(见图4-8)

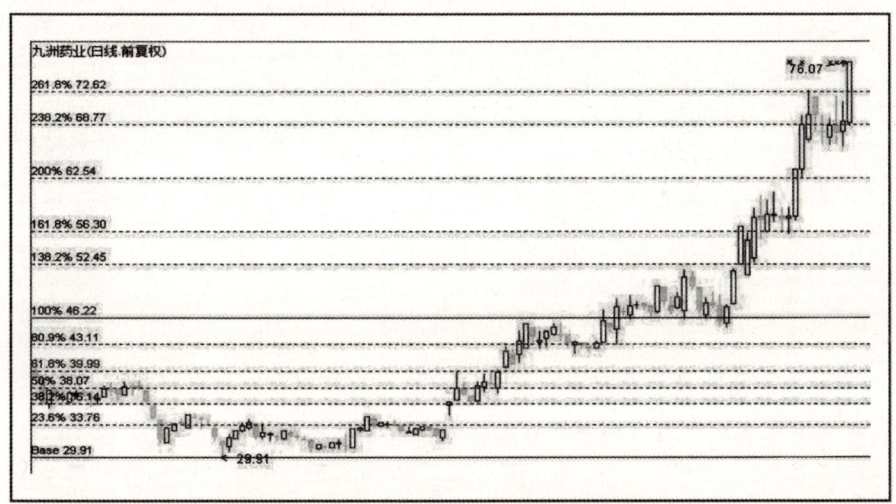

图4-8　603456 九州药业

注：黄金分割比率所到之处,便是价格时空变换之日(如数列之间的关系所述),即价格向上运行则为压力,反之,价格向下运行则为支撑。

上升黄金分割线是由价格的低点与高点相连,在图表中出现的黄金比率线。所画高点与低点必须在当前价格的50%以上或以下,若空间太大将不利于当前价格的判断,反之空间太小将无法绘制。明确高点与低点的选择是绘制黄金分割线的首要任务,适势选段,审时度势是关键。

小结：

事物的变化是有律可循的，任何的循环都会回归到自然的变动法则之中。股票市场也好，其他金融衍生产品也好，总之发现规律及变动的时间与空间的交汇点，是时空维度的重要阐述。延续对价格运动方向的追踪，同时掌握浪形摆动中各形态的演绎，即浪中有形，形中有浪，相互交替，互相影响。浪形的变化将是对细腻运动的探索，并通过简单的数学应用逻辑，在价格的变动演绎中找寻规律及一波完整的价格运动。这是对未来价格运动走势的预判，也是希望，无须争辩的是历史的价格走势已经对其进行验证，研究后的结果必是浪形与图形演绎的缠绕，时间的交汇便在其中。

然而，空间的预测则是一种对价格预期目标的预判。即价格在时间的推移过程中需要通过空间来完善其数值的变动，时间换取空间或空间换取时间都是必然的。当价格在某一区域经历长时间的整理之后，后期必然会出现较大幅度的涨势（通常底部运行时间要长于顶部的运行时间），这是源于时间与空间的交换。反之，当价格上升或下降形成一波急速涨跌走势之后，后期必然会出现一段时间进行调整，其调整的时间常与价格的上升与下降幅度有着一定的关系。强弱之分取决于某一阶段价格涨跌的动力。价格上升较快持续的时间将会较短，反之，价格上升较慢其持续的时间就会较长。空间的升降幅度预测，既是对价格运动速率的把握，也是对其升降高度的研判，即价格达到一定数值，便会产生不同程度的支撑与压力。

# 第四章
>>> 时空维度

总之，预测的目的是参与者对市场价格走势及方向的提前判断，是对价格涨跌速率的把握，无论其结果是否令你满意，都会协助你完成某项交易，且自身能力越强其作用就会越大。

第五章

探寻K线之秘密

神秘源于内心的思考与认知。如何让神秘的东西变得不再神秘，唯有揭晓。那么，K线背后隐藏的秘密是什么呢？

K 线由来与分析

K 线的由来

K 线是投资或投机者每天必须要面对的,打开电脑进入交易系统必然会显现阴阳两种 K 线形态的走势。即红色表示为上升,绿色表示为下降,并以此来作为判断价格上涨与下跌走势的依据。

那么,我们每天所面对的 K 线变化,又是如何而来?它的真正作用又是什么?

K 线的由来,源于日本米商本间宗久。本间宗久生于 1724 年,是一位日本粮食商人,本间宗久的乳名叫加藤吉作,长大后为当时德川幕府时代的本家族所收养,后起名为本间宗久。本间宗久的出生地位于上川河口的酒田港地区(现在的山形县酒田市),是 17 世纪日本米市的重要产地及商业交易中心,本间宗久从事研究稻米现货买卖及定期交易的价格信息及走势,并以 K 线的形式记录下来。凭借其研究的行情战术及过人的胆识,所预估的行情无不神准,本间宗久不但赚得巨额财富,而且在京都、大阪、江户(现在的东京)地区引起了很大的轰动。当时的人们这样来形容他的富有:你可以坐上领主的宝座,却休想像本间宗久家一样有钱。可见本间宗久在当时的地位,之后他被日本天皇聘为大藏省首席并被册封为武士,居住在江户的根岸(现在东京的上野区),但最后又不知何缘故突然出家学佛,于享和三年(1803)去世。

K线由本间宗久在大米市场上所采用,并成为一种交易策略,后来逐步演化成了现代日本投资者所应用的蜡烛图分析方法。然而,在本间宗久的原版书《本间宗久翁秘录》中并无任何图形,仅是一百多条文字记载,经过一两百年来日本人再三研究后,终于在昭和二十四年出现第一本图形版本。因为本间宗久的记录心得产生了很多战法中的名词,同时为了纪念这位大师的出生地,所以后人将原出于本间宗久的K线技术分析方法统称为"酒田战法",也就是现在我们所了解的K线理论之酒田战法。

时至1990年,美国人史蒂夫·尼森在《阴线阳线》一书中第一次向西方金融界展示了日本长期以来具有强大生命力的4种技术分析手段,破解了日本金融界投资人的秘密,揭示了蜡烛图、三线反转图、砖块图、折线图等的魅力。史蒂夫·尼森因此被西方金融界誉为"K线分析之父"。其所翻译的《阴线阳线》《股票K线战法》等著作,被《华尔街日报》、国际股市等西方理论界称为泄露天机,日本K线交易系统、阴阳线是西方的新语言,即阴阳K线的时代来临。所以,我们在阅读一些华尔街的经典投资类书籍时,只会看到点图、终图之类的东西,而对于今天我们习以为常的K线图却绝口不提,其原因就在于美国人是在1990年以后才对K线有了比较广泛的认识和应用。

K线的画法与作用

K线即阴线与阳线，阴线为绿色阳线为红色。无论是阴线还是阳线均代表4个不同价格的变化——开盘价、最高价、最低价和收盘价。（见图5-1）

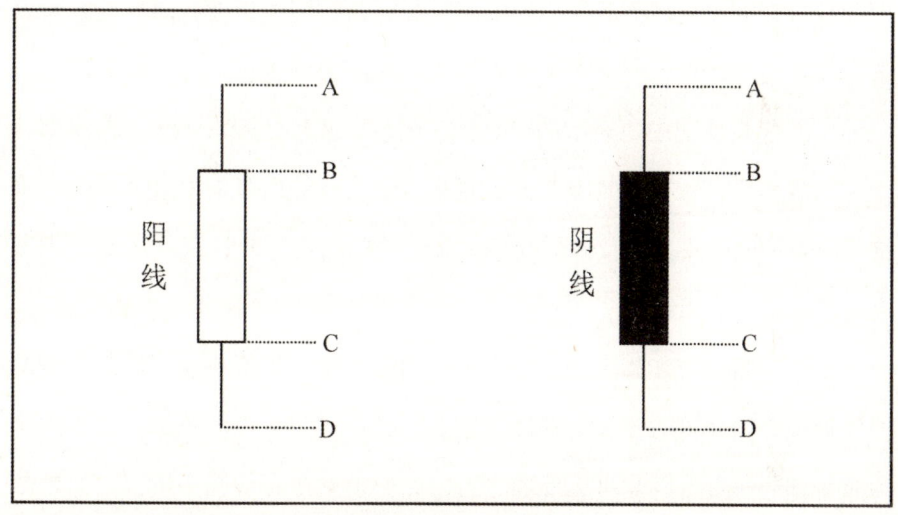

图5-1 阴阳K线之区分

注：阴阳K线表示价格有两种明显不同的走势，即阳线为上涨，阴线为下跌。上升与下降中的趋势均由阴阳K线所组成。

如图5-1所示：

1.空心K线：A点为最高价、B点为收盘价、C点为开盘价、D点为最低价。

2.实心K线：A点为最高价、B点为开盘价、C点为收盘价、D点为最低价。

阴阳K线之分主要体现在价格的开盘价与收盘价，即收盘价高于开盘价则为阳线，图表中以空心K线绘制。反之，当收盘价低于开盘价时则为阴线，图表中以实心K线绘制。总体趋势的形成，由阴阳K线的数量来决定,即阳线明显多于阴线为上升走势,反之,阴线明显多于阳线为下降走势,阴阳交错数量相当为平盘走势。

K线的特征

1. 光头阳线与光头阴线。光头阳线的形成是一种价格下探回升走势,即开盘时空头力量高于多头,经由多空买卖盘的转换而随后出现的多头力量又高于空头,直至收盘多头并未受到空头势力的干扰,仍占主导地位。此种现象在K线图中所表示的则是光头阳线。此外,光头阴线的形成则与光头阳线相反,即开盘时空头力量就高于多头,经由多头力量的争夺,价格至收盘期间出现向上反弹并受到多头势力的阻击。此种现象在K线中所表示的则是光头阴线。

2. 光脚阳线与光脚阴线。光脚阳线的形成是一种价格向上冲击之后的回落走势,即开盘时多头力量高于空头,经由多空双方的争夺,而多头势力有所减弱,直至收盘再无反攻之力,此种现象在K线图中所表示的则是光脚阳线。然而,光脚阴线的形成则是,自开盘时多头力量是高于空头力量的,随后由于双方的争夺,多头弱于空头并被空头势力打败,直至收盘期间才稍有反扑,在K线图中所表示出的则是光脚阴线。

3. 光头光脚阳线与光头光脚阴线。是一种力度极强的走势,或是阳线或是阴线都极具杀伤力。如光头光脚阳线,自开盘后价格一直处于强势上升状态,而且在收盘时都未受到空头的干扰,在K线图中所表示的就是光头光脚阳线,即没有下影线也没有上影线,均为实体走势。光头光脚阴线除开盘价与光头光脚阳线有区别外,其他只是方向不同而已,都视为是一种既没有上影线也没有下影线的实体走势。

4. 十字星阴阳线。是一种多空双方力量平衡的走势。如阳十字星K线,通常是价格出现高开高走之势,后遭空头力量打击而向下运行,临近收盘时，多头又进行反击并重回开盘价。此种现象在K线图中所表示的则是当日开盘价高于昨日收盘价，且当日开盘价与收盘价相当。反之，十字星阴线是价格自开盘起便出现低开低走之势，后遭多头力量的争夺而向上运行，临近收盘多头势力仍未占主导优势，而选择了继续向下，在K线图中所表示的是当日开盘价低于昨日收盘价，且当日收盘价与开盘价相当。

5. T字形与倒T字形。是多空力量落败的一种走势，如T形，通常是价格高开或平开后向下运行的一种走势，即开盘向下运行，临近收盘时又重回开盘价附近，但并未向上突破开盘价。此种现象在K线图中所表示的则是T字形K线。相反，倒T字形，则是价格在低开或平开后向上运行的一种走势，即开盘后向上运行，临近收盘时又向下回落至开盘价附近，但并未向下跌破开盘价。此种现象在K线图中所表示的则是倒T字形K线，也称射击之星。此两种T形的出现均被视为是一种变相的上升或下降。

6. 一字形。无论是阴线一字形还是阳线一字形，均是一种跳空走势，或是向上或是向下。在股票市场中较为常见，即向上跳空出现一字形为涨停，反之向下跳空出现一字形为跌停，此种K线都是在开盘时出现。

以上6种K线形态的说明仅是针对K线形态而言，周期切换也都如此，时间周期越长越能说明其转折的力度。关于多空双方力度的转换将在本章第三节中详细讲到。

关于K线特征6种形态的图形变化以及识别，可参见图5-2中的各种形态变化。

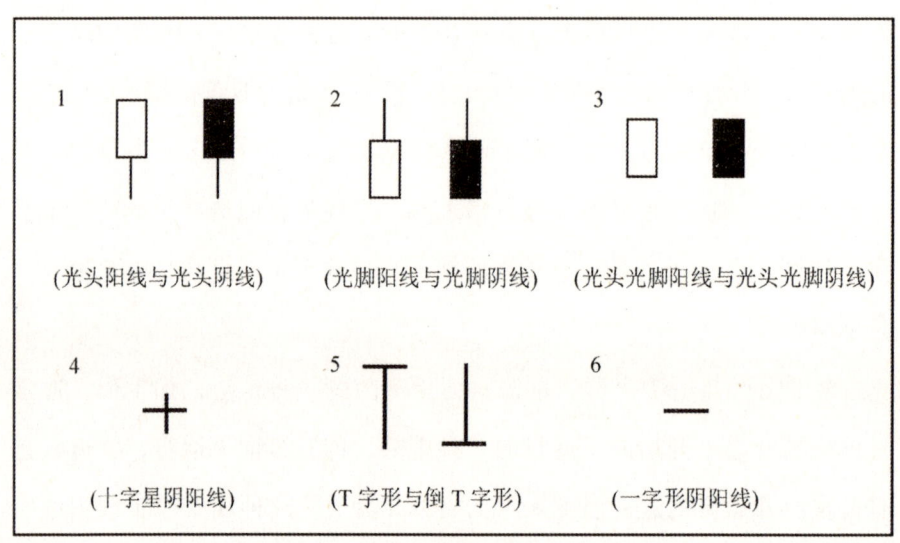

图 5-2　K 线特征 6 种形态

注：K 线特征 6 种形态是价格波动力量的转化，每一种形态都代表着不同的意义，最为常见的是光头和光脚之阴阳 K 线。

K 线的演变及形式

K 线是一种看似简单实际复杂的形态，远没有图形形态那样容易判断。说其简单，不外乎是四个价格的来回拉动。说其复杂，是因为在每一秒的变动中都透视着参与者的操作心态，时而快速时而缓慢就如同一位投机者正在紧盯盘面的变化，心率随曲线的波动而起伏。如何控制并理性看待每一根 K 线的跳动，其后会给出一个较为满意的答案。

K 线三要素

1.阴阳 K 线衡量总体趋势的标准。简言之，趋势是通过阴阳 K 线的持续得以形成，即上升趋势阴线明显少于阳线，反之，下降趋势阳线明显少于阴线。当价格进入平衡状态时，K 线的表现形式常常是在阴线或阳线的最低或最高价内运行，且小阴和小阳线出现的频率较高。

2.K线的长短代表价格的内在动力和趋势的强弱。如价格进入相对高位或低位时，在有效的运行周期内突然出现一根较长的阳线或阴线，通常表示运行方向已经改变，并再难受到前期高点或低点的束缚。

3.影线的长短是价格转变的信号提示。即阳线上影线超出实体K线的1/2或以上，表示价格即将进入调整或回落，通常情况下回落要多于调整，除非市场已经进入超强状态。相反，若阴线上影线超出实体K线的1/2或以上，表示价格即将进入调整或回升，通常情况下回升要多于调整。我个人认为对于上下影线较长的K线，配合技术指标一起使用，成功的概率将会更高。

K线间的关系

1.光头光脚的长阳线，是价格强烈上升中的最高形式，即是后市继续看多的标志，激进的投资者可以在涨停之前迅速买入等待封停。

2.光头光脚的长阴线，是价格强烈下降中的最高形式，即是后市继续看空的标志，盘中不可贸然买入股票，除非市场进入超强状态。

3.十字星K线是多空双方平衡的最高形式。通常在价格的高位或低位进行震荡时出现的频率较高，且走势越长越有效，故将此种形态称为转折型K线。

K线长度加大会有三种变化

1.K线由小阳线、中阳线到长阳线不断加长，说明上涨力量正在逐步走向强烈。是给后续跟进者提供的最佳抢筹机会，且由于买入的不断加码将会促使价格变得越来越高。

2.K线由小阴线、中阴线到长阴线不断加长，说明下跌力量正在逐步走向强烈。是给最后进场者出逃的最好机会，且由于卖出的不断加码将会促使价格变得越来越低。K线的表现形式就是由小到中然后到大的过程，并表示着价格向上或向下的持续。若K线由长逐渐变短将表示价格朝某一方向运行的动力减弱，假如短期内不能收复前期高点或低点，则价格将偏向有力的一方运行。

3.K线实体变化相当且上下影线越来越长，说明在此期间多空双方的争夺愈加激烈，是平衡势中的常见形态。故在此做出交易策略往往会无功而返或深陷其中。

K线长度变化与动力转化

鉴于上述三项内容的表述，K线长度变化与动力转化图是一种复合形态，偏向于动力性能的测量及转变。（见图5-3）

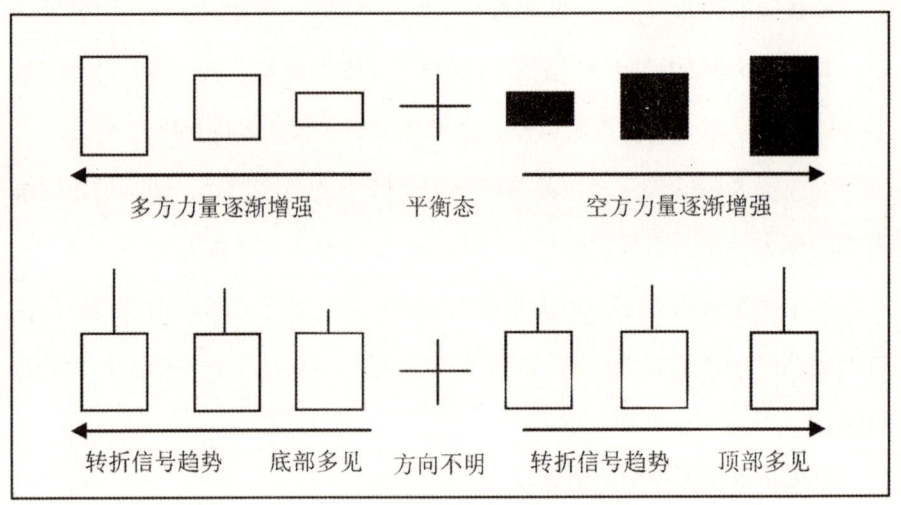

图5-3　K线长度变化与动力转化

注：K线长度变化与动力转化图，是实际交易时的K线变化，实体与阴线K线的特性决定价格趋势的强弱。

K线组合形态分析

K线组合形态是指多根K线的形态分析，既有两根K线组合而成的曙光初现底部形态和乌云盖顶顶部形态，也有三根 K 线组合而成的早晨之星底部形态和黄昏之星顶部形态，这些组合而成的 K 线形态是基于单根 K 线基础之上的。

由两根 K 线组成的形态：

1. 曙光初现，常在底部区域出现，其形态是前一根 K 线为阴线，后一根 K 线为阳线，且后一根 K 线的开盘价通常低于前一根 K 线的收盘价。后一根 K 线表明开盘后价格跳空向上运行，实体部分完全收于前一根 K 线之上是形态完成的必要组成部分，该形态的出现通常预示后期价格将有见底回升的可能，是一个向上形态。

2. 乌云盖顶，常在顶部区域出现，其形态是由两根走势完全相反的较长 K 线组成。前一根 K 线为阳线，后一根 K 线为阴线，且后一根 K 线的开盘价通常高于前一根 K 线的收盘价。后一根 K 线代表开盘后价格跳空向下运行，收盘时实体部分明显低于前一根 K 线的 1/2 或以上是形态完成的必要条件。

由三根 K 线组成的形态：

1. 早晨之星，价格进入下降末期的转折信号，其形态是由三根不同 K 线组成。第一根 K 线为阴线，第二根 K 线为十字星或 T 形阳线，第三根 K 线为长阳线。特征是：（1）第二根 K 线开盘为跳空向下，并在收盘前回升至开盘价之上；（2）第三根 K 线尤为重要，是该形态成立的重要组成部分，开盘价格呈跳空向上运行，且在收盘时必须高于第一根阴线实体部分的 1/2 或以上。

2. 黄昏之星，价格进入上升末期的转折信号，其形态与早晨之星相反，由三根不同 K 线组成。第一根 K 线为阳线，第二根 K 线为十字星或倒 T 字形阴线，第三根 K 线为长阴线。特征是：（1）第二根 K 线开盘为跳空向上，并在收盘前回落至开盘价之下；（2）第三根K线同样尤为重要，也是该形态成立的重要组成部分，开盘价呈跳空向下运行，且在收盘时必须低于第一根阳线实体部分的1/2或以上。

K线组合形态图

K线形态组合分析是对两个底部K线形态和两个顶部K线形态的诠释，通常在周期较长的K线图中较为有效，如股票市场交易中的15分钟K线或30分钟K线。

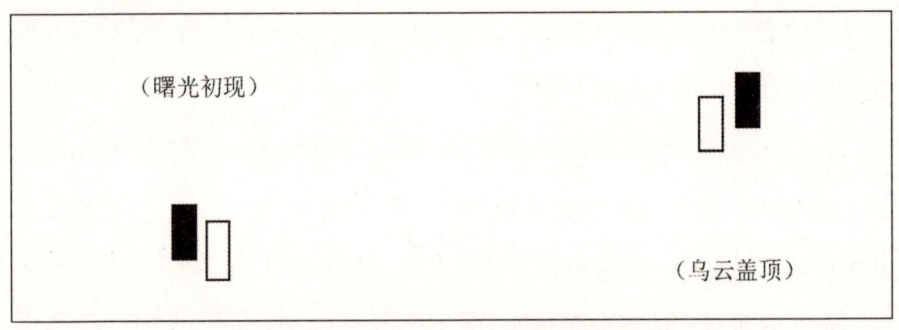

图5-4 曙光初现与乌云盖顶K线

注：曙光初现与乌云盖顶呈相反走势，是底部与顶部信号的提示，是多空力量转换的迹象。

图5-5 早晨之星与黄昏之星K线

注：早晨之星寓意太阳刚刚升起，给人一种焕然一新的感觉。而黄昏之星寓意则是黑暗即将来临，要有防范之意。

第五章
>>> 探寻K线之秘密

实例对照与分析

为使广大读者更进一步了解K线的用处以及加深印象,现将以上几种K线组合形态以实例对照并做出分析。

曙光初现——价格后期向上的表现,通常出现在价格相对底部区域,且并未有上升的明确提示,要一切以事实为主,顺应趋势将是最好的选择。(见图5-6)

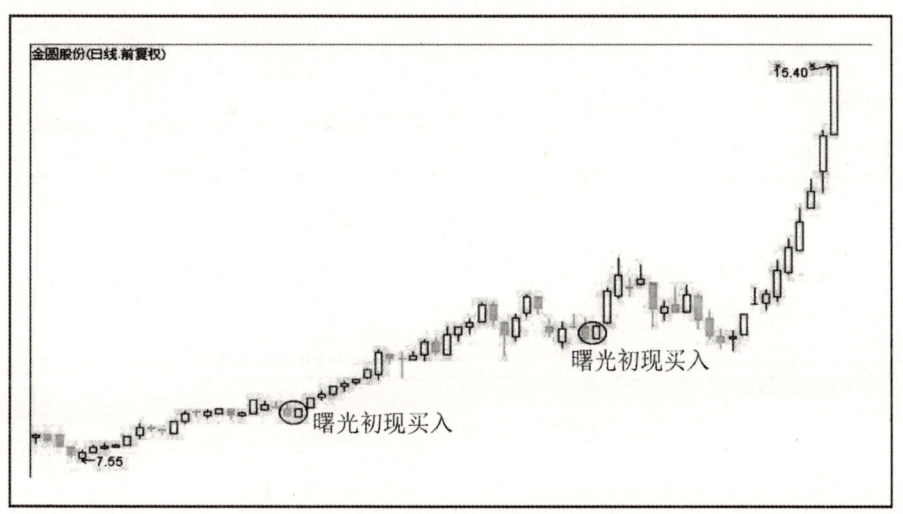

图5-6　000546金圆股份日线曙光初现

注：金圆股份日线走势图,曙光初现K线组合形态开始推动价格走高。

乌云盖顶——价格后期向下的表现,通常出现在价格相对顶部区域,且并未有下降的明确提示,要一切以事实为主,顺应趋势则是最好的选择。(见图5-7)

早晨之星——太阳冉冉升起是光彩照人的一天开始,预示价格将有向上的可能,通常出现在相对底部区域,且并未对涨幅有任何提示。(见图5-8)

145

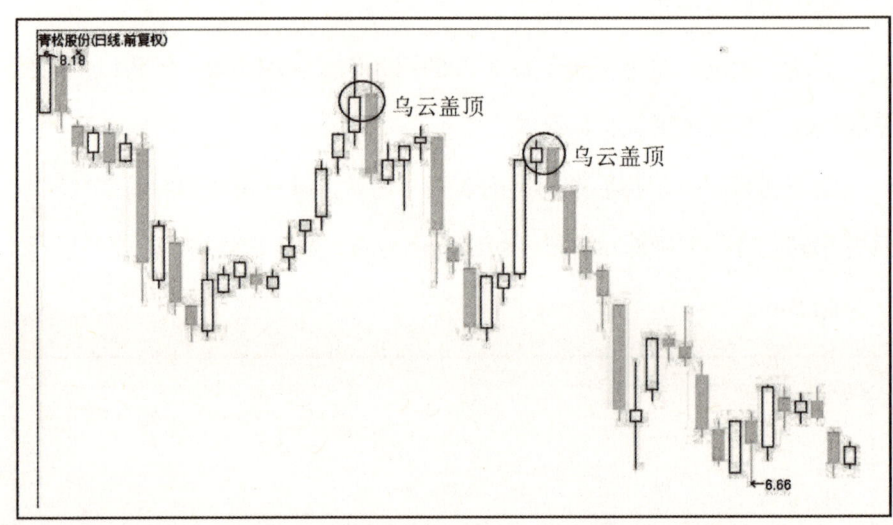

图 5-7　300132 青松股份日线乌云盖顶

注：青松股份走势图，乌云盖顶 K 线组合形态开始推动价格走低。

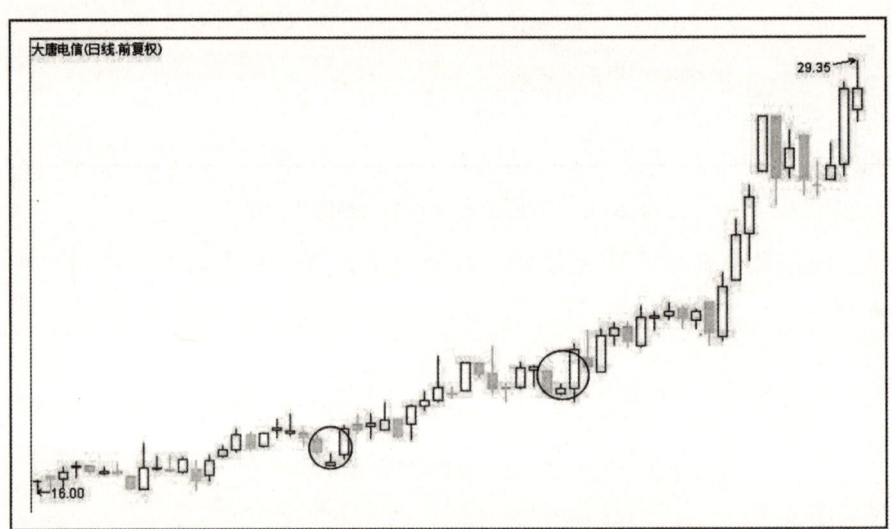

图 5-8　600198 大唐电信早晨之星

注：大唐电信走势图，早晨之星 K 线组合形态开始拉开上升格局。

第五章
> >> 探寻K线之秘密

黄昏之星——太阳将要落山,黑暗即将来临,光彩的一天将不存在,预示价格将有向下的可能,通常出现在相对顶部区域,且并未对跌幅有任何提示。(见图5-9)

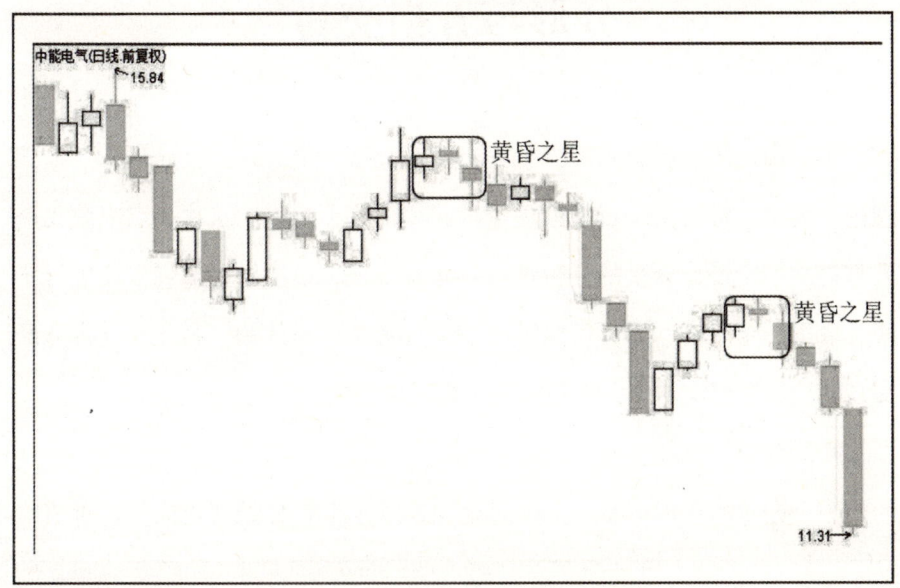

图5-9 300062中能电气黄昏之星

注:中能电气日线走势图,黄昏之星K线组合形态开始拉开下降格局。

K线是一种象征,尊重事实才能真正读懂。事实不以个人意愿为转移,因此,最有效的手段就是尊重事实并采取可行的措施。

分形与五指交易

分形由比尔·威廉姆斯先生提出,在其著作中又称"混沌理论",该理论的诞生,将使艾略特波浪理论从此变得不再神秘。从这一点来说我个人觉得并不奇怪,众多的分析理论都各有千秋。最终能够拿到市场进行实践并取得一定成功,才有可能被市场参与者认可和依赖。为此,我将分形交易的功能和现实结合,更为贴近于市场进行阐述。

初始分形

一个完整的分形形态,由一组至少5根连续的K线图组成。正所谓,

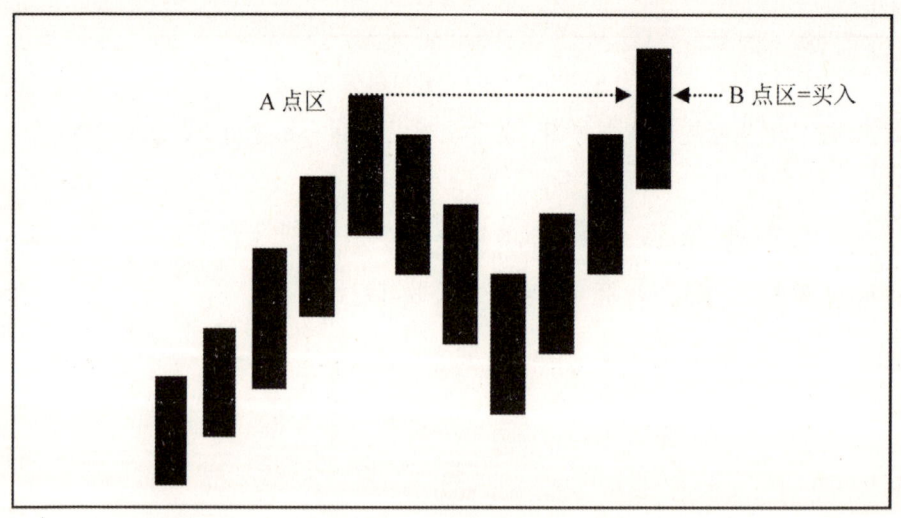

图 5-10 分形买入信号

注:上分形与下分形的结构转换,价格在B点区向上突破上分形A点区时,将选择继续突破。

第五章
> >> 探寻K线之秘密

上升分形与下降分形形态，其形态是否形成并有效，主要是看左右相邻的两根K线图的最高价是否低于向上分形或最低价高于向下分形。在向上分形中，我们需要考虑的则是左右两根K线图的最高价，而在向下分形中，我们需要考虑的则是两根K线的最低价。

当市场出现向上的走势时，形成一个顶部之后，价格拉回而至少出现左右两根K线，且他们的最高价均低于先前顶部的价格，这就是市场中的分形决策（见图5-10）。行情向上推升至A点后并向下回落，随后又因为市场中的某种原因而出现回升走势。假如市场回升，且价格突破A点区，便显示市场已经改变主意而不再停止于A点。如果价格高于A点区，便表示为向上突破的最好买入时机。

任何5根连续的K线图中，中间K线的最高价或最低价均高于或低于左右相邻的两根K线，这便是一个完整的分形。

分形范例图

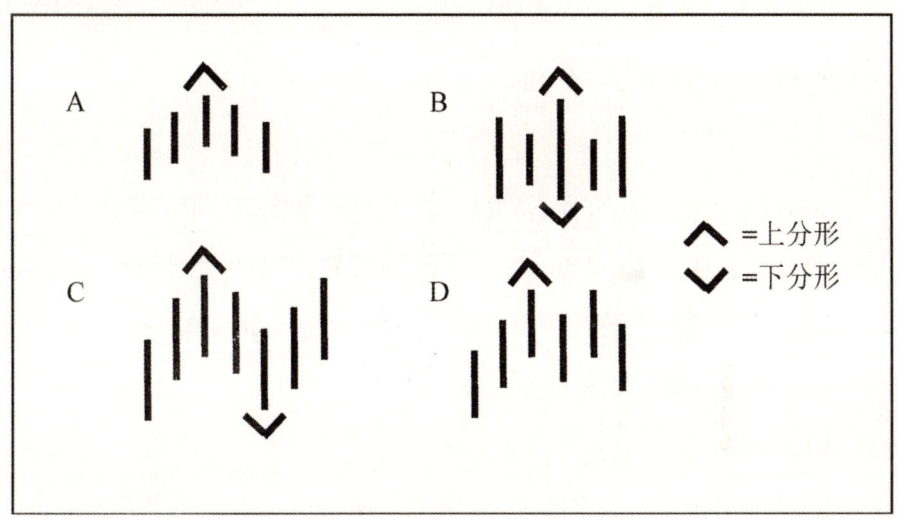

图5-11　分形范例图

注：分形范例图中标示有各种分形的结构组织，即上分形与下分形。

1. 如果某根 K 线图的最高价或最低价等于中间 K 线图的最高价或最低价时，则不能被称为是完整且有效的分形排列。因为其最高价或最低价并不低于或高于中间 K 线图的最高价或最低价，如图 5-11D 中的 5 根 K 线图。

2. 相邻的分形可以彼此共用，如 5-11C 中的前 5 根 K 线图和后 5 根 K 线图各自构成的分形，它们彼此共用中间的 3 根 K 线图。

3. 图 5-11A 中的 5 根 K 线图组合，是较为单纯的分形。因为左右两根 K 线图的最高价都低于中间 K 线图的最高价，这是一种向上分形的排列，也可以将其标示为三角形形状图。

4. 图 5-11B 的形态也是一种向上的分形，但它同时也是一种向下的分形，可以将其标示为倒三角形形状图。因为左右两根 K 线图都处于中间 K 线图的内部，但这种排列也符合分形的定义（在至少 5 根 K 线的连续排列中，中间 K 线图的最高价或最低价通常为最高或最低）。

分形的定义

分形是由分形起点与分形信号共同完成。即分形起点后出现反向分形排列的任何分形和分形信号前出现的反向分形排列的任何分形。（见图 5-12）

分形信号是一个潜在的交易信息，当价格一旦突破分形后，便会产生信号。即分形信号为向下分形，则代表为买入股票，若分形信号为向上分形，则代表为卖出股票。此种说法源于分形信号的提示，换言之，分形信号出现并突破分形起点时，便是交易的最佳时机。

五指交易

五指即人体左手与右手之形状，将左手视为向上状，右手视为向下状，而两者间形成的空隙便是价格的波动区间。（见图 5-13）

第五章
>>> 探寻K线之秘密

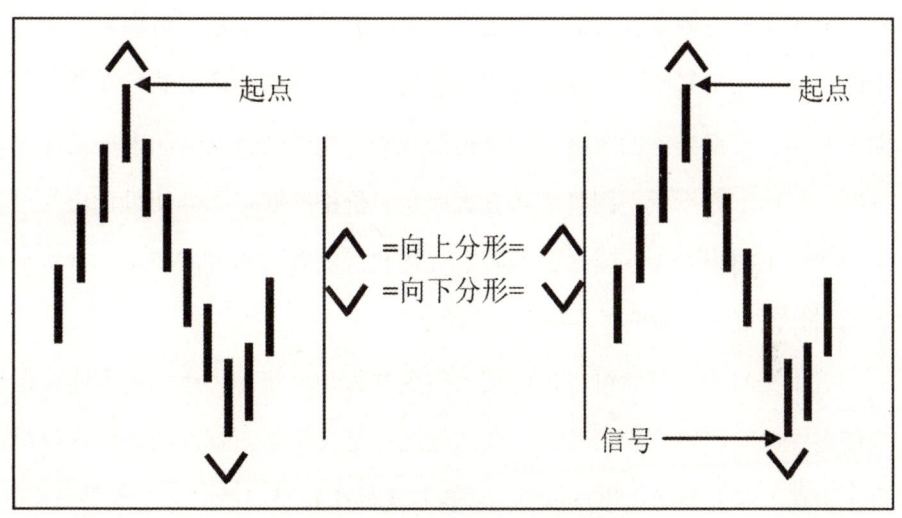

图 5-12　分形起点与信号

注：分形起点与分形信号两者是必然存在的，且会同时出现并相互依存。换言之，分形是一种标示，而信号则是交易信息。

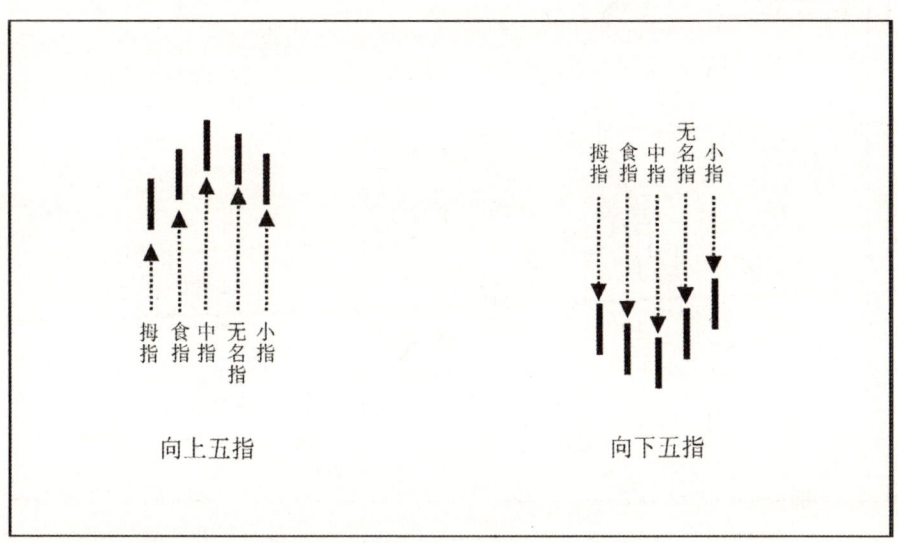

图 5-13　向上五指与向下五指

注：五指交易——上升五指为顶部形态，下降五指为底部形态。与分形交易相似但不相同。

分形交易更多是在考虑分形信号的出现及突破分形起点后做出的操作策略，而五指交易则是在分形成立时进行交易，两者之间必然存在关联，但不相同。五指交易的策略，主要是去观察小指后的价格是向上还是向下突破。如向上五指状，则其交易方式应是：价格跌破拇指处便可卖出股票（小指低于拇指时），反之，为向下五指状，则其交易方式应是：价格突破拇指处便可买入股票（小指高于拇指时）。

五指交易方式虽然可以提前发出指令并告知价格即将运动的方向，但为使潜在风险能够降到最低，安全的做法应是在价格出现反抽或回落处设置止损点。向上五指止损点设置为：价格突破中指最高价时改变交易方向。向下五指止损点设置为：价格跌破中指最低价时改变交易方向。如遇横向运动行情时，则可配合平行线交易。

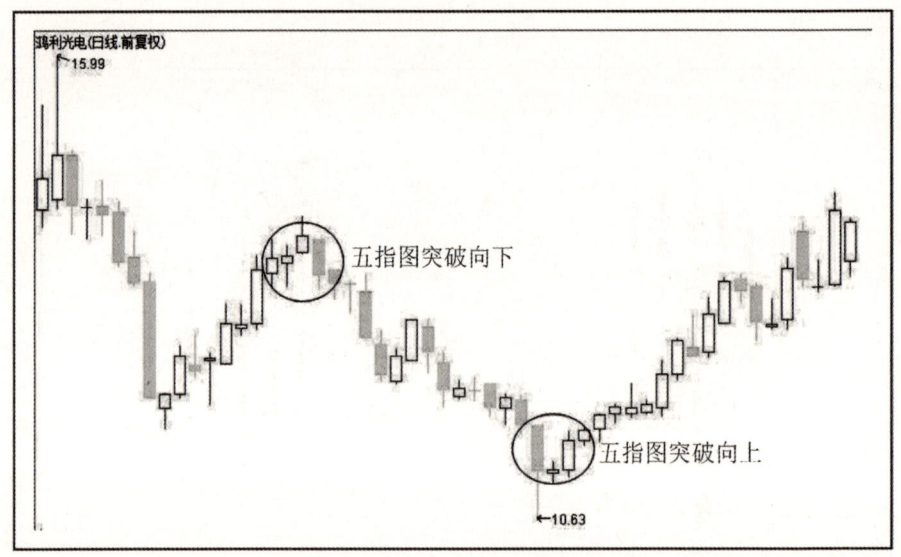

图 5-14　300219 鸿利光电五指图

注：五指交易在实盘中的表现。其是激进者的最佳选择，并以此来决断价格未来的变动方向。

五指交易周期及案例

五指交易相对于短线而言，在30分钟周期内应用效果将会更好，其波动频率较为适合普通投机者且容易掌握，同时还可捕捉到较大一部分利润。（见图5-14）

五指交易，主要考虑小指是否突破（向上或向下）拇指，若价格突破拇指便可采取交易措施。通常其波动空间均在两个五指之间，且上下五指均对后期价格产生支撑与压力作用。

蜡烛图的识别与应用

蜡烛图是对K线由来与分析的一种补充，且更具有实战意义。蜡烛图K线的说法是其形状类似将要点燃的蜡烛，由实体部分和影线构成。如上升趋势运行过程中常出现的蜡烛图形状的K线，实体与影线部分常有一定的比例之分，通常实体部位要高于影线部位两倍或以上。若低于两倍并带有上下影线时则不计入蜡烛图形态。换言之，实体部分均代表价格上升与下降时的动力，当实体部分大于影线部分两倍或以上，将表示价格上升动力强劲，反之，为下降动力强劲。

蜡烛图K线形态分为正形态和反形态，正形态是：价格影线在实体（阳线）上方出现，而反形态则在实体（阴线）下方出现。两种形态的出现位置一般都在价格相对低位和高位，并有结束上升与下降趋势运行的意思。（见图5-15）

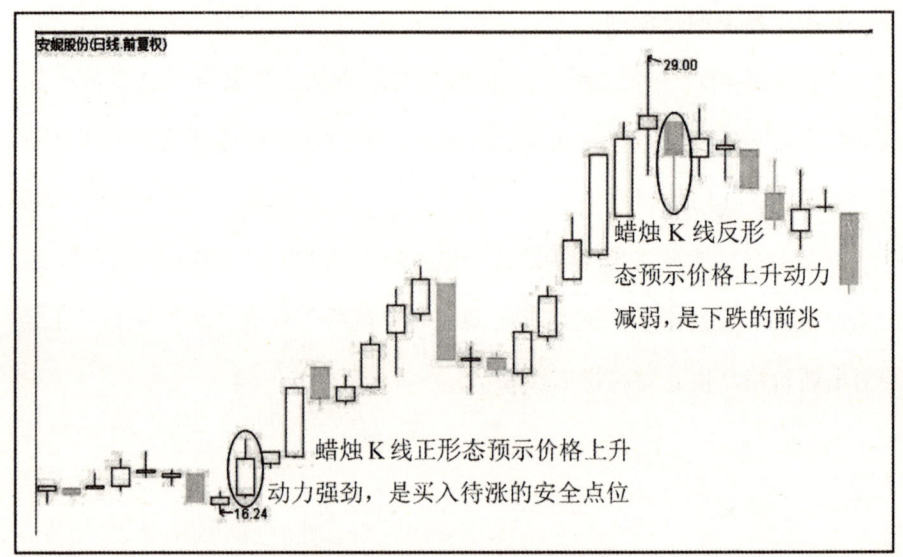

图 5-15　002235 安妮股份

注：正反蜡烛 K 线图会在相对高位和低位体现出作用。凡出现该形态 K 线，后期价格波动速度都较快。

蜡烛图变异形态

上吊线：是行情进入上升末期时出现的 K 线形态，无论其是阳线还是阴线都表示价格后期有滞涨回落的可能，是一种顶部信号的提示。其典型的 K 线形态是实体部分向上，影线部分向下，且影线长度要明显超出实体部分（主要是实体下方的影线长度），具体长度可根据实体的大小来决定。然而，与其相反方向走势出现的 K 线，则将其命名为"锤子线"，通常是在价格即将进入下降末期时出现，是一种底部信号的提示。其形态与上吊线相似，只是出现的位置有所不同。（见 5-16）

锤子线：是行情进入下降末期时出现的 K 线形态，无论是阴线还是阳线均表示价格后期有回升的可能。判断其是否为锤子线，则要看实体以下的影线是否高于实体上方的影线，且下方影线是实体部分的两倍或两倍以

第五章
>>> 探寻K线之秘密

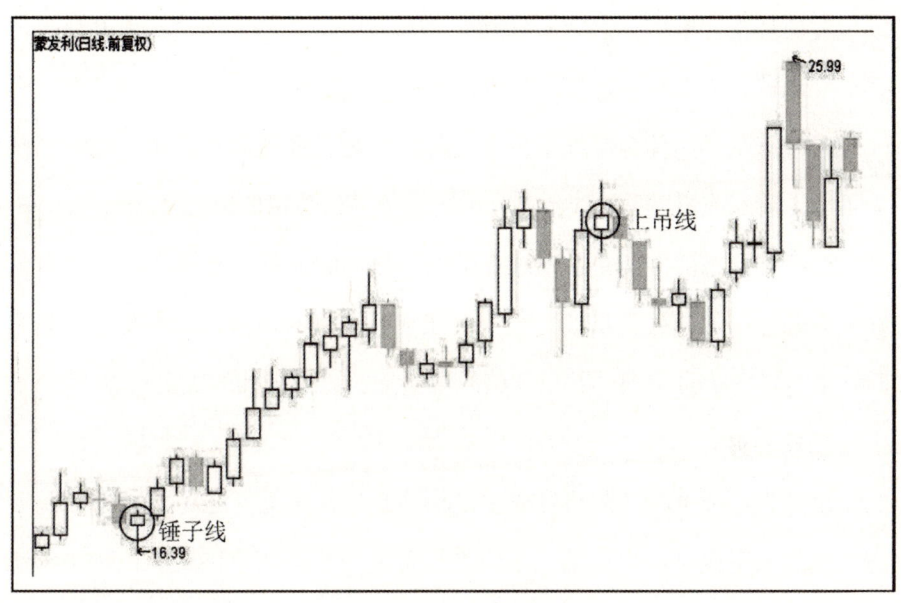

图 5-16　002614 蒙发利

注：上吊线与锤子线的形态及所运行的位置，两者虽有相似但位置却有不同，上吊线是顶部信号提示而锤子线则是底部信号提示。

上（下影线越长越有效）。

两种K线形态的出现，或在顶部或在底部，其形式都是影线大于实体。若该K线形态带有上下影线，那么，除了需要观测实体部分以外，还需对照上下影线的长度，完成且较为有效的形态应是下方影线要长于上方影线，且下方影线越长越好。

两者之间存在的区别：

1.实体部分处于整个价格区间的上端，而实体本身的颜色将需考虑（上述已有说明）。

2.下影线的长度将决定其形态是否成立，且下影线越长转折的意义越浓，通常的确定标准是：下影线的长度至少是实体部分高度的两倍。

3.从理论上来讲,这类K线形态是没有上影线的,即使出现上影线,其长度也较短(上影线若高于实体,则不纳入此形态之中)。

4.看涨信号实体为阳线效果会更好,反之,看跌信号实体为阴线也较为可靠(看涨或看跌,K线形态为跳空走势是最理想的形态)。

5.两种形态的区别是:出现在下降趋势中的K线叫作锤子线,而出现在上升趋势中的叫作上吊线。当上吊线或锤子线出现后,一定要等待其他看涨或看跌的信号出现,并以此信号来验证,方是较佳的买卖点。

三只乌鸦

由三根连续下降的阴线构成。是价格走出快速上升之后出现的K线形态(或是向下或是产生调整,如何判断将在本章第四节讲到),往往会预示后期价格即将拉开下降走势。(见图5-17)

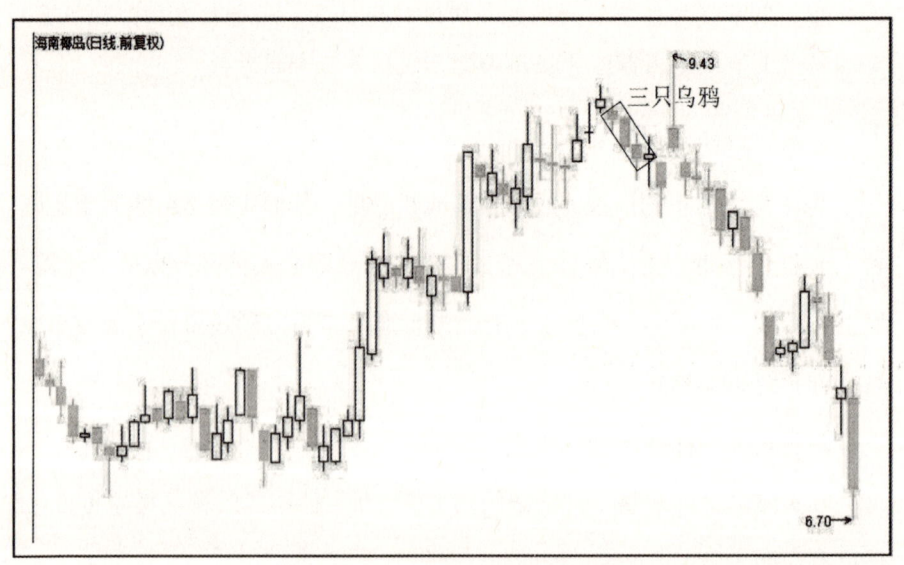

图5-17　600238 海南椰岛

注:价格快速上升之后的三只乌鸦K线图,是一个顶部区域整理向下的K线形态。

从形态上来看，三根阴线的收盘价都应该处于当日最低价或接近最低价，且每根阴线的开盘价都应该是在前一个阴线的实体之内。若追求更为理想的状态，还要求第一根阴线的实体在前一根阳线的最高点以下。当三只乌鸦形态的第二根与第三根阴线的开盘价分别是前一根阴线的收盘价水平或略高的情况时，则表示是三只乌鸦的接力形态，这种形态虽然比较少见，一旦出现将表示此时的行情相当疲软。

红三兵

此K线形态与三只乌鸦呈反向走势，是由三根连续上升的阳线构成，是价格出现快速下降之后，即将回升之前的一种底部信号。（见图5-18）

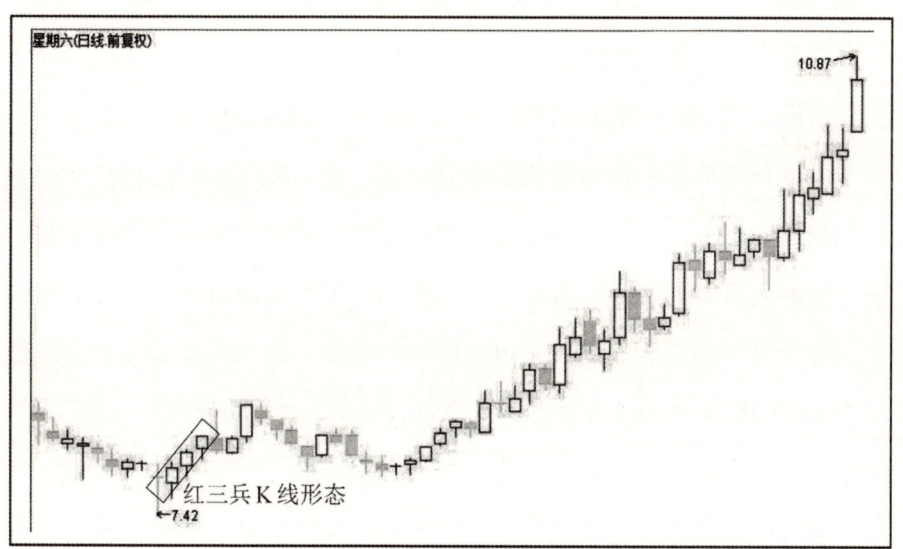

图5-18　002291星期六

注：价格快速下降之后的红三兵K线图，是一个底部区域整理向上的K线形态。

所谓红三兵K线形态是指三根连续的阳线，左右均为阴线或十字星，若出现价格连续上升并多于三根阳线时，便不计入红三兵之列。其操作策略与三只乌鸦相反，如图5-18中的红三兵，是一种明显蓄势待涨形态的走势。

经过一段时间盘整之后，连续走出三根阳线，此种形态便称为是红三兵，特征是连续阴线后出现的三根阳线。这是一种较常见的K线形态，一旦出现，后势看涨的情况居多。若在下降趋势中出现，对后势价格的变动将有很强的推动作用。但要注意以下两点：（1）连续出现的三根阳线不能太长，太长说明攻势过猛，不利于布局且短期获利回吐的压力也会加大，最好的形态便是三根中阳线或小阳线，更易厚积薄发；（2）三根阳线所对应的成交量应温和放大，最好逐渐放大，显示看涨资金正在慢慢潜入，若成交量过大或过小都不利于后期行情的拉升或拉升的力度有限。

塔形之顶（底）形态

塔形之顶（底）形态，是市场价格进行的反向变盘信号。

塔形顶部形态：价格趋势呈上升走势，突然在某一时间段内有一根明显的蜡烛图（阳线）出现，随后价格便进入调整走势或呈滞涨走势，表示价格上升动力不足。其形态是当蜡烛图阳线出现以后，其后K线的实体部分均为向上突破先前蜡烛图阳线的高点，若与后者K线产生空隙（两者间的数条K线）且并未产生高点，阴线出现，便告塔形完成。（见图5-19）

塔形底部形态：价格趋势呈下降走势，突然在某一时间段内有一根明显的蜡烛图（阴线）出现，随后价格便进入调整走势或呈止跌走势，表示价格向下动力减弱。其形态是当蜡烛图阴线出现以后，其后K线的实体部分均为向下突破先前蜡烛图阴线的低点，若与后者K线产生空隙（两者间的数条K线）且并未产生低点，阳线出现，便告塔形完成。（见图5-19）

# 第五章
>>> 探寻K线之秘密

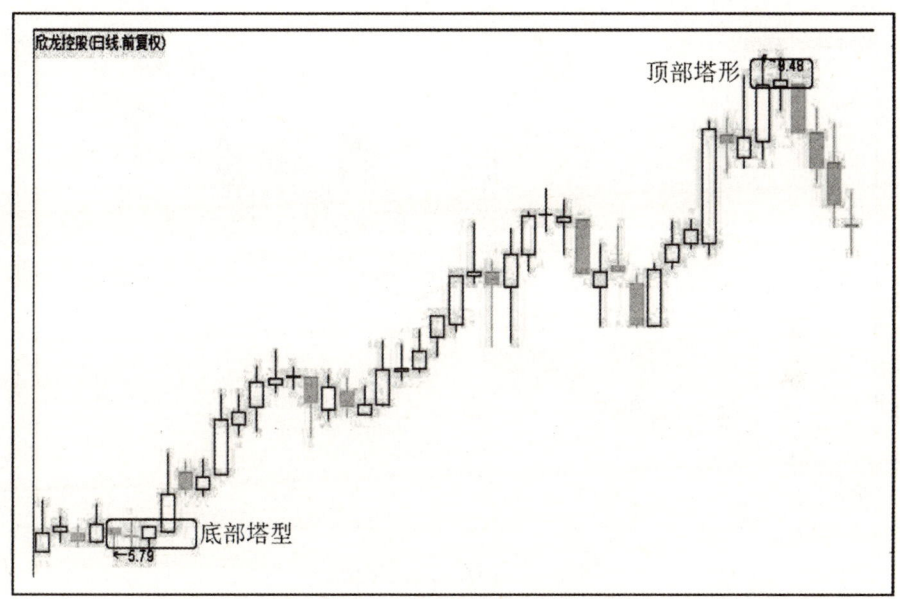

图 5-19　000955 欣龙控股

注：顶部塔形通常是在价格快速上升之中突然停顿的形态，表示后期价格上升动力不足，有反向运行的可能。

三宝K线

三宝K线是由连续三根阳线或连续三根阴线组成，若价格趋势为上升走势时，途中出现的连续三根阴线则称为是上升三宝，若价格趋势为下降走势时，途中出现的连续三根阳线则称为是下降三宝。其作用是价格在上升或下降过程进行的修复走势，一旦修复完成便重回原趋势方向运行。

三宝K线的特征：（1）价格在上升趋势运行过程中出现一根较长的蜡烛图阳线，即是上升三宝K线的主要参考依据，但随后出现的K线中必须有连续三根阴线均在阳线价格范围之内，方能定为上升三宝（见图5-20）；（2）价格在下降趋势运行过程中出现一根较长的蜡烛图阴线，即下影线在阴线价格范围之内，方能定为下降三宝（见图5-21）。

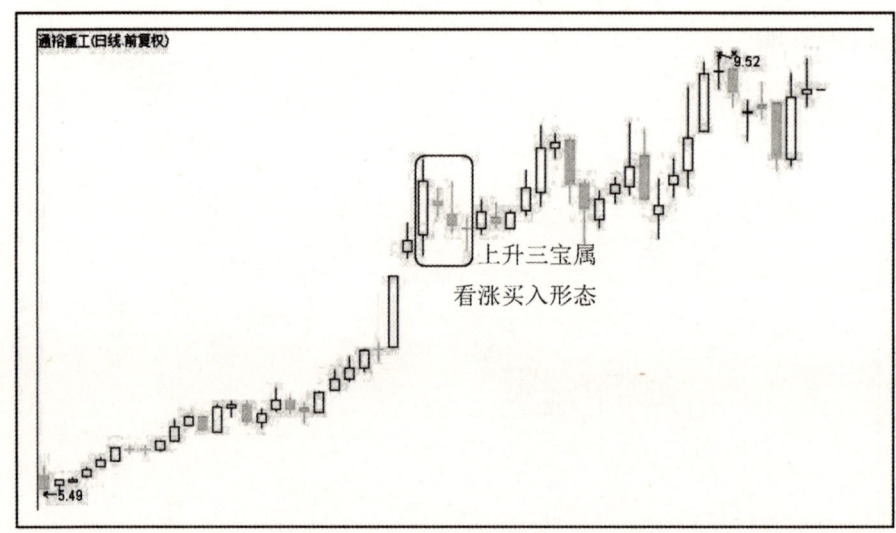

图 5-20　300185 通郁重工

注：上升三宝K线形态分析必须借助一根蜡烛图阳线，且随后的三根阴线都在阳线价格范围之内进行波动，若超出阳线波动价格，则形态不成立。

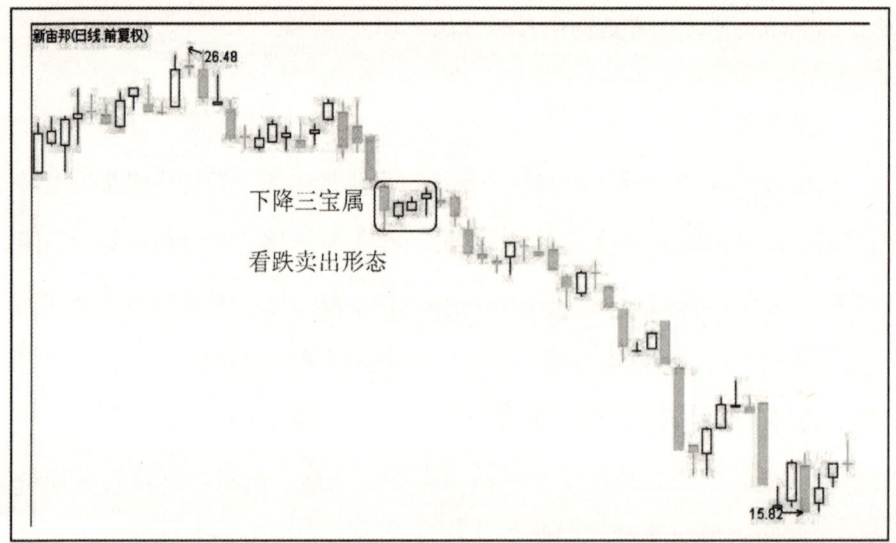

图 5-21　300037 新宙邦

注：下降三宝K线形态分析必须借助一根蜡烛图阴线，且随后的三根阳线都在阴线价格范围之内进行波动，若超出阴线波动价格，则形态不成立。

蜡烛图阴线是三宝K线的主要判断依据,但随后出现的K线中必须有连续三根阳线。三宝K线的成立,是价格在常规趋势运行过程中的一次短暂休整,一旦休整结束价格将重返原趋势方向运行。当投资人或投机者在进行实盘操作时,便可参照三宝K线法则进行交易,其交易策略为三根阳线或三根阴线之后,若未能确定三宝K线是否成立,则暂停交易或根据其他方法进行。

K线中的隐形骗线

当你打开软件面对一根根竖立在屏幕上的K线时,很有可能被引入K线隐形骗线之中。这是一种随机且客观存在的事实,人性思维的转变,根据K线的变动情况,这一点尤为突出。你可以将其称为:主力的诱骗,或是恶劣的操作手段,甚至是更加卑鄙的某种行为,但这无疑是一种自我内心的宽恕,事实证明你已经经历了这个过程。由人类组成的交易市场必然存在着残酷的竞争,因为只有这样才能竞选出高智慧的人群,自古以来都是胜者为王,败者为寇。失败的一方要为胜利一方提供物质或金钱上的奖励。为此,你必须懂得如何成为一名胜利者,方能消受失败者为你提供的任何奖励。

市场生存是两道选择题:(1)尽快成为胜利者或稳固胜利者的地位;(2)延续亏损或出局永不进入市场。这必然是令人难以做出的决定,无论你现在是身处哪一方。除非你是一位从未在场内体验过的场外人，暂时离场也许是上上策，若要完全离开市场仍需付出很大的努力。人生本来就是在不断选择和加以修复，也许你曾经遭受过无数次挫折，但终将成为过眼云烟，过去的已成为历史，未来还离我们较为遥远，而现在需要勇敢面对。

本章几节内容连贯，现又奉上各种抵御骗线的方法。骗线又称欺骗，有成千上万者因此而遭到巨额亏损，那么，我们将如何降低受骗的概率，以下内容则需要你研读并思考。

K线形态的多变

利用K线变动引发群体效应是主力惯用伎俩，若不能正确研判将会被诱入失败的旋涡，最后只能是亏损出局。交易的难度就在于如何在合适的时间和点位进行，K线形态又作为投机者或投资者判断价格运行方向的最根本的参考依据，因此，作为投机者有效判读K线是必要的手段，因为只有这样才能使接下来的各项判断更加正确。

形体部位与周期

K线形体是研判趋势转折时常用的分析手段，其出现的部位（底部和顶部）将表示后期的价格运行方向。例如，价格呈下降走势，在具有一定跌幅的情况下出现某种预示底部的K线或K线组合时，后期价格多数都会朝上升的方向运行，反之，价格呈上升走势，在具有一定涨幅的情况下出现某种预示顶部的K线或K线组合时，后期价格多数都会朝下降的方向运行，除非市场因某种因素出现极强或极弱走势而对其产生影响。然而，单边上升或下降走势是最为容易判断的，通过趋势线或移动平均线就清晰可见，而窄幅整理走势就会令绝大多数参与者失去对方向的敏感，这是基于市场多空平衡的缘故（有关平衡的应对办法，已在上述章节有所提到，这里不再重提）。

因此，周期切换分析也许会对你研判价格运动方向起到辅助作用。如短线投机，我们通常都会使用较短的周期来进行分析，有时还可能会使用到5分钟线，但每个周期切换后的K线形态都各有不同，这是造成难以判断的重要原因。那么，其周期切换的作用到底是什么，对我们寻找买卖点位又有什么帮助。个人观点，做短线投机5分钟K线通常是我们最为常用的周期之一，不过我更喜欢使用15分钟线，虽然并不像5分钟线那样灵敏，但其对捕捉盘中买点有一定的好处，伴随大势的运行在开盘之后或邻近收盘时操作更为妥当。周期使用长度主要是根据投机者的资金以及买入数量来决定，若资金量较大，使用较短周期则不利于变通，若资金量较小，使用周期太长反而不利于资金快速增加。

骗线的基本特征

所谓骗线，是当某种K线形态成立后，未朝预想的方向运行，而是经过一番引诱使参与者在某价格区进入市场，随后又朝相反方向快速运行。其特征可分为以下几种。

1.整理期骗线：价格在某段走势中呈上下宽幅运动，且均有一定压力与支撑的信号提示，如明显的前期低点或高点。在场内交易时，这一信号往往会被主力所利用，当你发现价格进入某个底部阶段或顶部阶段，并形成相对有效的支撑或压力时，进行交易。随后价格出现的阳线或影线便会很快突破这个区域，从形态上来看将是打破某个支撑或压力区，有拉开新趋势的态势，但就是因为有这样的K线形态的变化，将会使你心态混乱，一旦你做出新的决定后，价格便迅速修复。（见图5-22）

应对策略：价格快速向上或向下突破某区域后，未能继续上升或下降，且在K线形态上有明显的转折信号时，便会选择弱势一方运行。

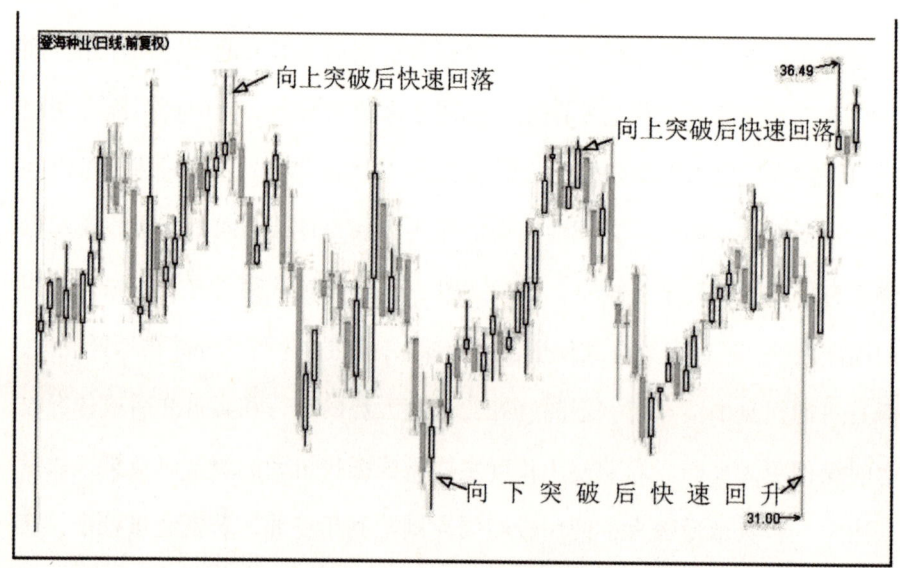

图5-22　002041登海种业

注：整理期骗线，其形态大都是以大阳线或大阴线开始向上或向下突破，但很快会被市场修复。

2.突破性骗线：价格常规运行过程中出现的突发行情，或是上升或是下降的转势阶段。其特征是在趋势运行过程中突然间出现的诱多或诱空行情，即K线形态与趋势运行方向一致，但随后的价格走势则表现为与趋势运行方向相反，这类走势通常被人们称为是假突破。

应对策略：当价格出现大阴或大阳线后，紧跟着出现相反K线走势时，以相反K线运行方向为操作依据，故，相反K线为阳线则表示价格向上，相反K线为阴线则表示价格向下。（见图5-23）

3.缓冲期骗线：价格形成有效上升或下降趋势时，中期出现滞涨或止跌行情。特征是由一根大阳或大阴线构成，其后便会走出较多小阳或小阴线，使交易者产生将要突破的错觉，其波动范围一般都在大阴或大阳线之内。一旦价格向上或向下突破，趋势运行中出现较大阳线或阴线时，便会随趋势的运行方向继续运行。（见图5-24）

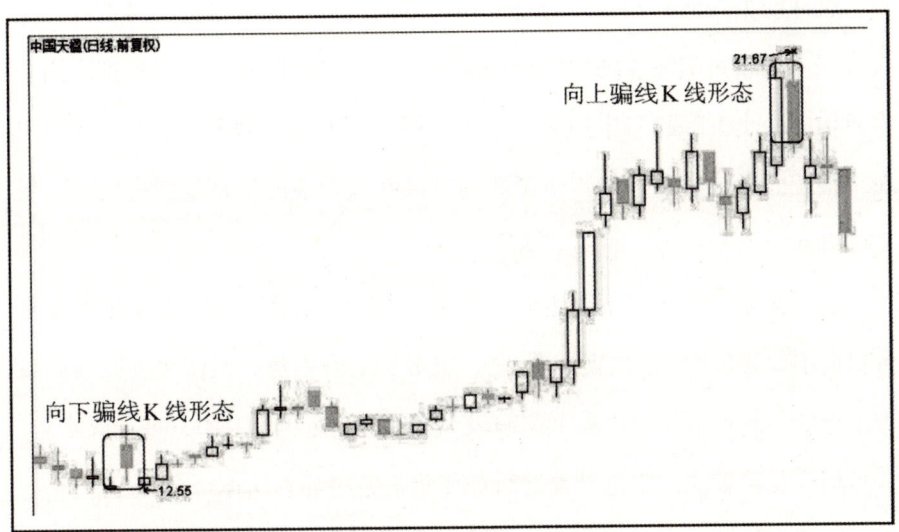

图 5-23 000035 中国天楹

注：骗线 K 线形态及其随后的走势，即价格运行过程中的诱多诱空行情，其波动速度较快。

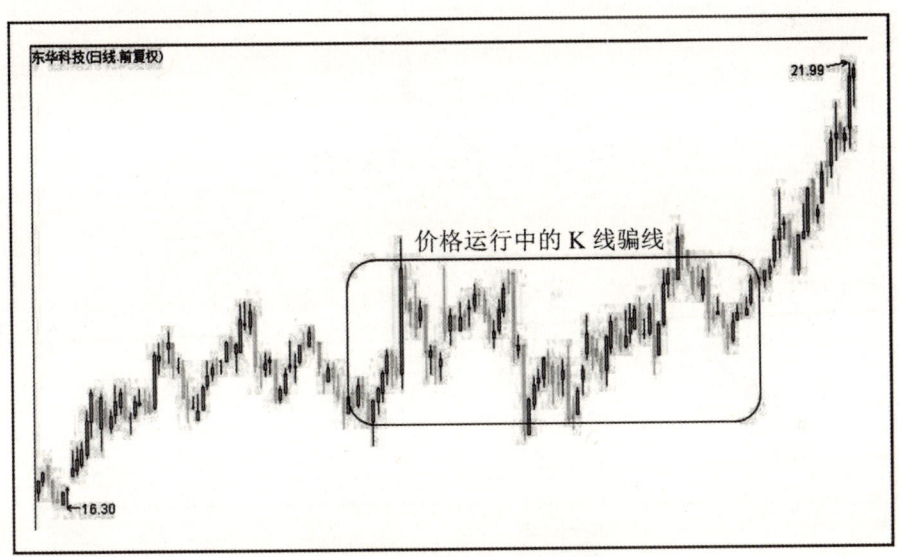

图 5-24 002140 东华科技

注：价格随趋势运动方向移动，即便出现整理走势，但不能很快改变方向，必会归向趋势运动的一方。

缓冲期骗线通常都会向与趋势相反方向运行,如价格为下降走势,突然出现一根较大阴线,之后的价格走势均围绕在此阴线的价格范围之内,这便构成一个下降趋势中的逼多骗线。相反,若价格为上升走势,突然出现一根较大阳线,之后的价格走势均围绕在此阳线的价格范围之内,这便又构成一个上升趋势中的逼空骗线。

应对策略:趋势呈下降走势,出现缓冲骗线后较为合适的卖出点便是价格向下突破较大阴线之后,反之,趋势呈上升走势,出现缓冲骗线后较为安全的买入点便是价格向上突破较大阳线之后。无论是上升或下降走势,一旦构成缓冲骗线,经过调整之后都将重返原趋势方向运行。

4.诱导性骗线:是多空双方力量的比拼,在价格运行过程中出现频率较高,且形态各异。特征类似拉锯走势,但整理区内的K线并未有明显的向上或向下突破,通常呈斜率运动。(见图5-25)

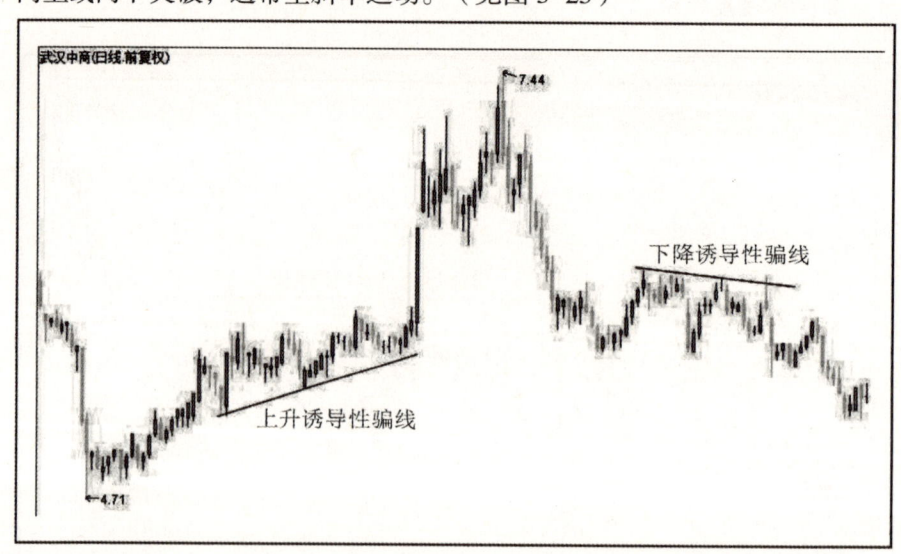

图5-25　000785 武汉中商

注:诱导性骗线的研判方法有二:(1)价格趋势运行的方向,(2)拉锯走势的斜率。若斜率向下,那么其后向下运行的概率就较大,反之,斜率向上,那后期向上运行的概率就较大。

第五章
>>> 探寻K线之秘密

应对策略：价格为上升走势，出现诱导性骗线后，较为合适的买入点是价格突破拉锯区内的高点。相反，价格为下降走势，出现诱导性骗线后较为合适的卖出点是价格突破拉锯区内的低点。

可怕的幻觉

幻觉是由视觉所见、由心而发、由行而动的行为表现。所有的分析结果都来自于对数据的判读，成败乃是一种概率的体现，没有任何的绝对可言。对于贪念严重、极度迷恋的投机者来说，通常都会在事实面前无法割舍，是导致难以脱离瓶颈的主要原因，其行为更是令人担忧。当你具备一定独立分析的能力时，加之自信的驱使就很难让自己主动承认错误，除非你已经不再认为自己的判断是正确的。在我亲历市场十余年间，发现诸多炒家们普遍存在的问题，是很难坚守自己当初所做出的决定。举例：（1）当你面临亏损，无法再证明自己的判断正确时，所做出的决定通常是继续等待，而不是及时止损。（2）当你面对利润剧增时，通常都会感到不安，怕到手的利润付之东流，所做的决定必然是快速离场。当然，这并非是你自愿而是市场已经与你背道而驰。（3）失去理智，已无法正确判断市场运行节奏，任何一笔交易都产生在恐惧之中，幻觉骤然兴起。

市场不缺乏单点交易者，而是缺乏通点交易员。所谓单点交易者就是单一点进场或离场，两者只能掌握其一。而通点交易员则是既可以捕捉到较为理想的买入点，同时还可捕捉到较为理想的卖出点，一切行动均听市场指挥。

小结：

心随物动，物随心动。探寻价格背后隐藏的秘密，是发现人性思维在不同时间段内，受各种物体变动的影响由内心做出的各种决定。以K线形态的表现形式来论，其结论就是这样。K线形态的变动随趋势运动的方向及幅度大小而变，真实的K线也好，虚假的也罢，都是在某个特定的时间段内进行的调和，即趋势的运行方向与各种形态的演绎。K线是反应思维情绪较快速的参照系，而这种参照系的表现又牵动着参与者们的内心。纠结的交易就是难以识别K线的特征，真真假假，虚虚实实，时时变换。或底或顶，对参与者来说都是一种考验，常见形态的出处，在本章节内容中已较全面地进行了分析与研判，并对可能在实际交易中出现的误判，或受骗线的诱导而做出的错误决定，进行了诠释。

第六章

交易策略与买卖信号

> 赢利的基础源于正确的交易,而正确的交易又源于对规则的坚守。买卖信号则是一种便捷的交易工具,使用者终将是认同后的执行者。

交易的概念

从某种意义上来讲,市场参与者们均是在执行某种交易秩序。且这种秩序可被称为是一种行为,并由此而决定人们的交易性质,无论是对还是错都将一如既往。投机也不例外,当你已经有过交易经历之后,无论赢亏都将难以挥去,内心的喜悲永远存在,并将会一直持续下去,没有"除非"的可能。交易就是这样,一旦你参与其中,唯一能做的就是遵循某种秩序而非逃避现实。

交易是买卖的总称,这里没有赢利或亏损之分,纯是一种概念的形容。简单地说,当你完成一笔买卖的全程便是交易,而交易本身又是一种获利渠道,若买卖得当你就会获得一定的报酬,反之,若买卖失去效应便会丢失本金,这是必须要为自己的行为负责并支付的相应酬金。假设你与朋友相约去某家酒店吃饭,当你进入酒店并开始点菜时这种行为便将开始,点多少菜,几位客人,能吃多少饭菜等,都将由你自己和同行的友人决定,酒店的责任便是将客人的饭菜尽量做得可口满意。然而，当你点菜的数量已超出胃部所能承受的范围或者是低于所承受的范围时，饭店都无权干涉，只需你在临走时买单即可。市场交易也是如此，既定的场所不会有人去干涉你的行为，只要你愿意去买单都可进行参与。所以交易又可称为是一种自主的反应，这种自主反应又将发自自我潜意识之中，并将与你的思考息息相关。

无序交易的开始基于一个无任何交易规则的基础之上，完全出于人的随性行为，这将视为常态，是普遍行为。即无须辨认价格中级或以上的运动方向，目的是获取价格之间的少额点差，这种做法在场内被称为"交易"，其利润获取点为扣除手续费之后的佣金。目的有二：（1）通过所持筹码频繁交易，提高市场活跃度。（2）获得利润即可，以达到洗盘吸筹的目的，是主力进入拉升或出货时惯用的伎俩。而与此相反的是，对于个人投机来说却并无太大意义。其原因是目的各不相同，个人追求的是投机或投资的效益，只有当你完成一笔买卖全程之后，赢亏才能显现，当然，所获利润必然是扣除手续费之后的剩余部分，完成这个任务的首要条件就是你所持股票给你带来的账面资金必须是正数。由此可见，大众参与者只有一种赢利可能，那便是在正确的方向下做正确的事，反之，若有一方违背将会丢失本金。为此，这种行为的体现显然不利于个人操作，且这种行为在市场中又必然存在。那么如何得到改变呢？相信徘徊在十字路口的你会做出更加正确的选择，并引领自己走向一个更加辉煌的平台。

寻找秩序将是诸多参与者们急需解决的问题。所谓秩序，是市场行为本身存有的一种表现，换言之，聪明的投机者或投资者是在既定的秩序下执行交易，并会尊重市场的走势，以现实为基础做出决定。那么，这种秩序又将如何去寻找？当然，这并不是多么难以获取的，其是市场本身现存

第六章
> >> 交易策略与买卖信号

的一种走势,通常被人们称为趋势,规律的运行节拍。趋势多为市场参与人士的意愿,并与部分跟风筹码共同形成,而规律则是在趋势的运行轨道中形成的另一种走势,虽然规律不是固定不变的,但若要有心识破还是可以寻找其突破口的(对此规律的阐述,将在本章第二节中讲到)。趋势虽然可以把握,可这并不意味参与者们会沿着趋势的方向进行交易,违背趋势常理的投机者大有人在。虽说这并不是自己的初衷,但市场的变换往往会诱使投机者做出错误的决定,这种行为的出现主要是缺乏一种交易模式的规划,并倾向于有利自己的一方进行所造成。

为此,虽有失败教训,但也难以改变自己的行为习惯,是错误决定的根源,故个人投机改变行为习惯将是重中之重的事情。

凡是因人为造成的失败过错,都将有改变的可能,除非你是自愿接受这种行为并将其持续。

有序及无序是一种潜意识,完全由自身的学识与灵感而决定,重在对现实盘的跟踪,或是投资或是投机。价格趋势的跟随是其主要的操作依据,且不会轻易放弃,除非有一种可能,那便是趋势运行方向出现了变化,这种交易行为可适用于所有周期的研判。看似无序却有序,有序与无序两者并存,是一种完美的全新交易模式,其最高形式将是扩大收益最直接的途径。举例,以事实为依据,既没有固定的止盈设置也没有固定止损设置,而是必须做出决定,且这种决定是不带有任何情感的,完全依靠事实证明。如买入股票后,价格朝预期方向运行至某一点且出现滞涨行情时,这便是结束持仓的时刻,即交易完成。若买入某股票后价格未朝预想方向运行,而是向买入相反方向运行至买入价位时,一旦低于买入价,这便是及时收手保留成本的最好手段,请你牢记:这里没有万一,只有尊重事实。

毫无疑问的是,市场不会绝对听从你的指令,错误的决定得到快速修正，那同样是一种正确的选择，一意孤行，必然扩大亏损的倍数。

所谓有序，当然不是一种既定的交易方针，而是在尊重事实的变化下采取的一种手段。手段既是防守也是进攻。当市场处于多空力量平衡时，那固然是防守最为优先，不但可以避免大幅亏损，还可协助投资者看清市场运行的真实意图，如价格在趋势运行过程中出现的整理行情，相对于趋势的正常运行其判断难度要大很多，但其对投资者的作用却又非常重要。例如，价格呈上升走势运行一段时间后，出现反复震荡行情，且持续时间较长。那么这种行为的识别，将会给我们获取最大收益带来明确的提示：（1）震荡走势中的行情走势表现为，低点高于低点，高点高于高点，将是一种强势整理的表现，一旦价格向上突破最后一个整理高点后，便将进入快速拉升阶段，且幅度常常与前一波上升的幅度相差无几。（2）震荡走势中的行情走势表现为，低点高于低点，高点低于高点，将是一种多空势力的转折调整，一旦价格向下跌破最后一个整理的低点后，便将进入快速下降阶段，且幅度难以判断，通常都会高于上升幅度，并持续较长时间。

相反，价格呈下降走势运行一段时间后，出现反复震荡行情，且持续存在。（1）震荡走势中的行情为，低点高于低点，高点高于高点，看似为强势整理或有向上突破之信号，但不一定就是真正的突破，需要结合市场的极度强弱进行分析（详见本章第三节），就交易而言，下降走势中出现的整理行情，向上运行的概率通常要小于上升行情中的整理走势，防守的做法应是价格回落至最后一个高点的下方为交易结束，即交易完成，等待新的机会到来。（2）震荡走势中的行情走势为，低点高于低点，高点低于高点，将是一种多空双方势力的比拼，待价格出现明显的向上或向下突破后，进行交易最为合理。

第六章
>>> 交易策略与买卖信号

基于以上两种趋势运行中出现的整理走势，向上或者是向下突破后主要是一种价格动力的转换，无论是哪一方占据优势都将带动价格持续。且空方势力要强于多方，也包括人性的自然保护反应。

防守与进攻的出发点虽有不同，但目的却相同。防守是当价格出现不明趋势运行时，所采用的一种手段。既可以确保手中筹码不会大幅流失，也可以静心等待市场机会的到来，是一种多得的策略模式，以静制动，就在于此。而进攻则与其不同，进攻主要是在明确的突破信号或趋势下进行的一种手段，一旦方向确立，其买入数量必然会增加，同时，相应的收益也会持续增加。因此，在市场中所能获得极大收益者，均是在获得正确方向研判后投进足够的筹码，并等待价格运行的持续。若要将手中的筹码用错地方，非但不能赢得收益，还会给自己带来内心的不安。当你无法确定价格运行方向时，利于自己一方的做法应是，等待机会，少量参与或者是暂停交易。当遇该出手时，绝不吝啬，抢到筹码就是赢家。

以上内容仅是对交易概念的一种描述，主要是实际操作中参与者的行为表现，以及现实且客观存在的事实。投机和投资，做法大相径庭，其赢利手段和收益都将不同。所以，能为自身赢利的手段和提高收益率的操作策略将是最为理想的选择。

证券交易
用模型策略战胜市场 > >> >>>

交易策略模式

无论市场价格如何风云变幻，都无法脱离趋势之运动规律。这是一种特定交易方针，也是对历史数据的一种统计研究。对价格趋势长期走势的辨认，是投机或投资人必须重视的一个问题，这是获取理想收益的前提，是做出正确决定的基础。若脱离趋势之交易方针，即便有利可图，那也将是一种幸运儿的生存法则，无异于小巫见大巫，都是很难上得了台面的。这不是一种贬义的形容而是市场的真实忠告。且不说你的操盘技艺有多么高人一筹，单从职业投机角度来讲，能够顺利完成此项交易任务且可保持长期稳定获利者，跟随价格趋势运动方向顺势交易，将是最好的选择。

跟随趋势，赚钱会更容易

跟随趋势赚钱会更容易，这是显而易见的。趋势会更加清晰地告诉我们所要投资或投机的方向，引导我们快速做出决定。虽然投机并不像投资那样重视趋势的变化，但其决策是很难脱离趋势之概念的。简言之，投机对机会的把握是要靠趋势的运动方向来完成，倘若抛开趋势单独来完成投机，那么其制胜概率是非常有限的。真正能够在短线交易中获得利益，并可以保有一定胜率的，都是具有很高水平的。放眼全球，这种事实成立的完整性，都是为数不多的。所以，投资大师或者是专业投机人士无不考虑市场的诸多因素来进行综合分析。当然，熟练应用技术分析，掌握历史数据和把握趋势运动方向都将被视为首选，这是赢利的前提也是保障。例如，在趋势呈上升或下降走势时，你所做的决定与趋势相违背的有几何？顺应市场投资参与其中的又有几何？如果你是一个善于跟随趋势并掌握其规律者，那么，你的收益是有保障可言的，反之，你是一个善于逆势而行的超级投机者，那么，你的行为又将由谁来买单呢。假如你在这两者之间做过统计的话，将会非常清晰地看到两者间的成败比例，并会对你的行为选择有所纠正。

因此，趋势是投资与投机的指导方向。伴随趋势的运动方向做出的交易决定，其取胜的概率常常会高于逆趋势运动方向做出的交易决定，是一种顺势而为的操作策略，也是一种较为容易掌握的交易技巧。

价格趋势运行中的一波三折原理

任何趋势的形成，都不会是简单的低点与高点或高点与低点的直线构成，在其形成过程中必然会出现反复运动的走势，或是反弹或是回落。一波三折原理正是借助趋势的运动方向来辨识其下一阶段的走势，这是一种规律的探索也是一种较为实际的交易战法，不仅可以让你慧眼识珠，还可让你在趋势的指引下享受赚钱的巅峰一刻。

所谓一波三折，是指价格具有较为明显的一波上升或下降走势，然后出现的折返或回落便是其主要的交易之位。若上升趋势运行过程中出现回落或横向运动走势，通常被视为是强势整理的过程，当价格向下回落至上升趋势的 1/2 或以上，再次向上反攻时便会形成上升的一波三折走势。与此相反，若在下降趋势运行过程中出现反弹走势或横向运动走势，通常被视为是诱多或强势整理过程，当价格向上反弹至下降趋势的 1/2 或以上，再次向下回落时便会形成向下的一波三折走势。（见图6-1）

一波三折原理的勾画与形成，标示着价格即将进入某个转折阶段或已

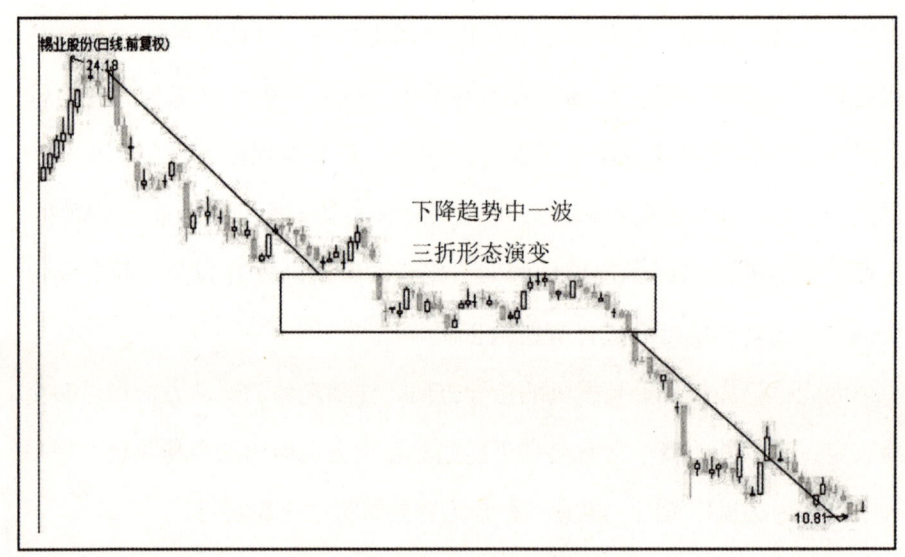

图 6-1　000960 锡业股份

注：下降走势一波三折，即由两个大致相等的波幅和一个整理走势构成，其形态如图中所示。

经进入某个转折阶段，其后走势将会沿着阻力薄弱的一方运行。

研判：对趋势而言是一种动力的转换，如上升趋势运行过程中形成的走势，其参与者的行为是不断买入股票，反之，下降趋势运行过程中形成的走势，其参与者的行为是不断卖出股票，整体而言便是如此。就局部特性来看，人性的思维将使其进一步恶化，过分的忧虑常会使一部分参与者与市场抗衡，并导致市场出现各种变化。这种变化既是趋势运行中的折返走势也是人性思维所导致的结果。一波三折原理既对趋势做出了明确的判断，同时还体现了人性思维的变化。（见图6-2）

决策：在较为明确的上升或下降走势中，我们根本不难发现趋势的运动方向并可根据趋势的运动方向做出相应决策，这是既简易又常规化的交易策略。但作为具有思考能力的投机者来说，这种做法未必能够激起他们

# 第六章
>>> 交易策略与买卖信号

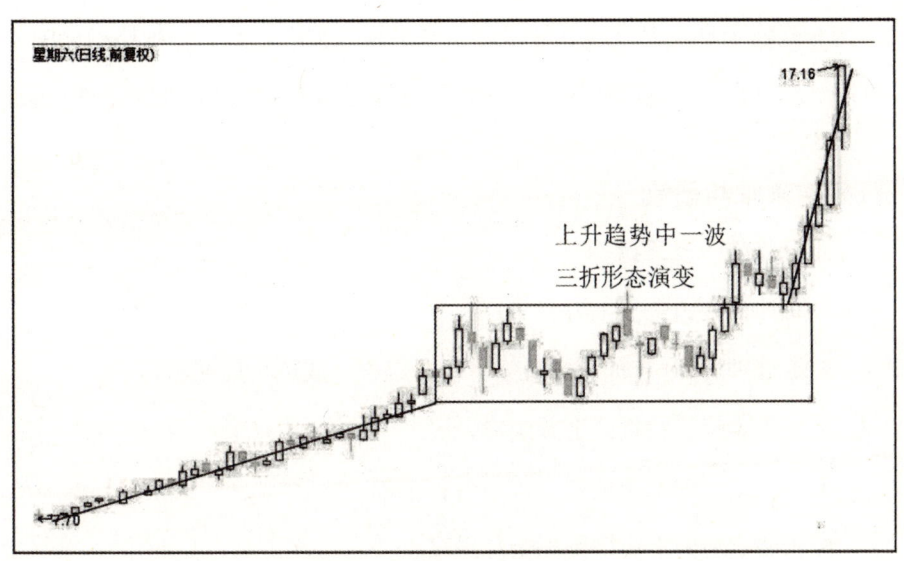

图 6-2 002291 星期六

注：图 6-2 所示趋势由两个一波三折形态构成，分别为下降一波三折和上升一波三折，虽形态各异但均被视为一波三折原理之走势。较为明显的三折走势类似于波浪理论中的 A、B、C 浪或上升 1、2、3 浪走势。

的欲望，投机是他们的本能反应，也许只有精准捕捉价格低点与高点才能使其内心平衡。由此我们可以断定，在市场交易中无论价格走势处于何种情况都必然存在一些提前抢筹者，目的是达到预测的精准目标。

那么，对于参与者的投机技巧是好是坏，是高明还是低劣我们无须评价，但也不排除有这样获胜的可能。在此，我以常人的角度，通过读书、研究以及体察市场参与者的情绪，做出判读与决策。其目的是为了方便交易者掌握基本要领和从中梳理出相对符合自身投资且具备一定价值的方法，这种方法不是寻找刺激，而是一种以静制动的交易策略。例如一波三折分析原理，要遵循市场基本运行结构，并在结构中寻找参与的方法。当价格趋势处于下降或上升阶段时，必然会出现小幅折返和调整，其价格不可能一直处于直线上升或下降状态,这不符合常理。然而,价格趋势中的折返与调整,是投机者或投资者必须要重视的问题,这是市场给予的机会。

机会的来临与研判

上升趋势一波三折

1. 日线价格趋势呈上升走势;

2.15 分钟和 30 分钟价格趋势呈上升走势(或更长周期);

3. 整理走势呈拉锯式上升走势;

4. 价格走势向上突破拉锯式平台;

5. 价格走势向上突破整理走势最高点。

下降趋势一波三折

1. 日线价格趋势呈下降走势;

2.15 分钟和 30 分钟价格趋势呈下降走势(或更长周期);

3. 折返走势呈拉锯式下降走势;

4. 价格走势向下突破拉锯式平台;

5. 价格走势向下突破折返走势最低点。

注:一波三折原理,更注重对趋势的研判与把握,通过对中长期趋势的研判,利用分时价格的提示进行交易。

信号:综上所述,根据一波三折交易原理,买卖信号就较为明显,无论是上升趋势还是下降趋势,其突破点便是最佳的买卖时机,若市场强势则突破后的幅度将与前一波上升或下降走势幅度相当,这是较为理想的走势。若市场处于弱势,则突破后将会迅速出现折返并打破原有整理平台的有效支撑和压力。在此,我将此种走势称为"诱导走势",即价格向上的假象突破和价格向下的假象突破,从理论上来说,这种走势对投机的影响十分有限,其买卖信号的第二套方案便是对此种走势的及时更正,如市场经过前期快速上升或下降后,未能按理想的一波三折走势运行,并在突破后迅速折返,那此处便是高点或低点的形成,根据价格的变动方向及时改变交易策略。若此种信号成立,其后走势幅度将会更大,持续时间更长。

价格随趋势跳空后的交易策略

跳空走势的意义

在市场上交易,跳空走势已不足为奇。同时跳空走势也将成为投机者们捕捉利润的一种手段,或受国际市场的影响,或受国内政策的影响,以及市场本身存在的投机气氛,跳空走势都会给具有一定研判水平的投机者带来较大的收益。从大众心理来讲这也许是一种赌博,但从专业水准来说这是一种对价格趋势的正确研判。这种技巧来自于知识的沉积和对市场的敏感度,绝非是简单的赌博心理。然而,当你完全胜任这项投机能力,那将会使利润快速奔跑。

跳空后的交易策略

跳空,何为跳空?概念性地讲,是受众多因素影响而导致次日开盘时出现高于昨日的收盘价,被称为跳空走势。还有一种理解方式便是市场正处于较强上升阶段,市场参与者一直看好后势的情况下由于跟风盘的急剧增加而促使市场出现跳空走势。其交易策略是:随价格上升强度进行交易。

股票价格当日开盘出现跳空走势,至收盘时仍处于与跳空方向一致走势时,便是理想的买入时机,若股票中长期走势正处于某个底部阶段时,那便更好,赢利幅度更有保障并可根据价格的运动方向增加持仓量。

证券交易
用模型策略战胜市场 > >> >>>

交易策略之拐点

虽然我们每天都在共同从事一项事业——交易，但策略各不相同。以至每天都会出现诸多技术论证、盘后分析以及信息收集等人士盘踞在市场周围，无可厚非的是其结果必然是为了提高制胜的正能量，而去寻找更多可以战胜市场的技巧。究其根源，交易的本身并不是为了交易，对于绝大多数参与者来说，交易只是一种获取利润的途径，更直白地讲，他们的利润是在去除交易费用之后的剩余部分归个人所得。因此，价格拐点的正确把握将直接影响最后的剩余利润。所谓拐点，即价格转折初期，或是向上或是向下，甚至调整结束后的新级别运动而产生的具有一定波幅的行情。作为投机者，提升赢利空间的首要任务便是捕捉拐点，拐点即交易的开始，交易则是行为的结果，为此，在交易之前必须要做的事便是：

努力寻找说服自己的理由，什么是交易，交易的目的是什么，失败后的止损点应设立在哪个价位等。对此，相关内容之前我已有所论述。进入市场的目的不同，故操作手法和追求的利润点就会不同。所以，在你正式开始交易之前，务必告诉自己，你的交易目的和利润点以及理想的止盈与止损位应该是在哪里，只有这样你才能明白交易真正的含义，也便发现了在市场中获取利润的最简单的方法。我们不以复杂自居，而以实效为荣。市场本身繁杂多变，理性看待市场的运行节奏，巧妙应对转折时给出的机会，避免诱导性买入。

拐点——形态

拐点，即价格趋势转折的初期，无论是何种趋势下的走势，一旦与原趋势运动方向发生改变就会出现拐点，这种拐点是自然形成的，有时也是人为变化下形成的拐点，如价格形态学所述，形态各异变化后的拐点，其中也夹杂着少量的人性。因此，拐点交易看起来简单，但也较为复杂，复杂的原因是其中包含的因素较多，而简单则是其捕捉点较少，并不需要到处追寻而是在价格出现转折时进入。识别是一种视野上的感观，而这种感观又是一种学术的体现，面对不同价格形态的变化及时做出的决断。例如，当你遇到非常规趋势和形态走势时，就必须采取非常规方法判断，通俗地讲，一切行动以尊重事物的根本变化为主导依据，而杜绝将任何情感掺杂其中，否则你将会失去仅有的一点判断能力，任由市场摆布。动能、情绪波动中反映出的拐点，即为2B。2B是基于趋势转变之时，价格趋势出现

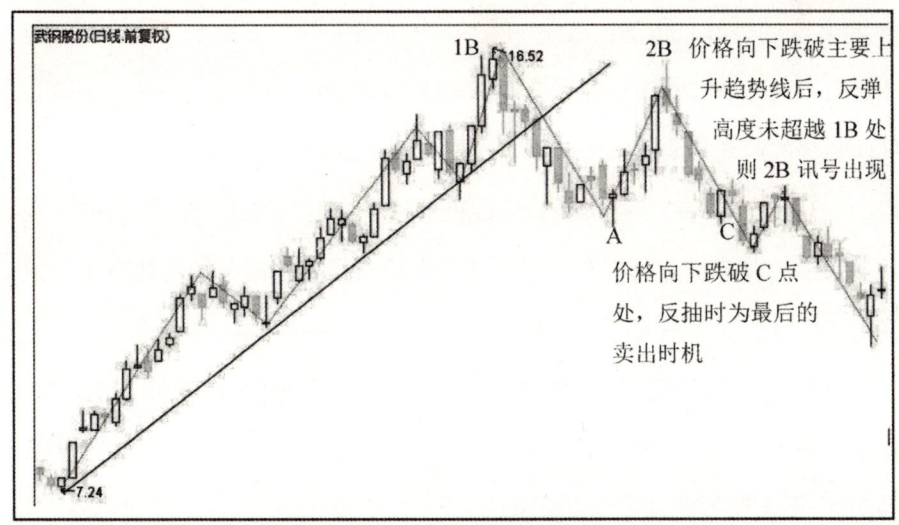

图6-3　600005 武钢股份

注：上升趋势中的拐点是：当价格延顺原趋势方向运行至某一时段，走势向下跌破上升趋势线时，为2B讯号的提示，见后续。

的情绪波动和动力不足的一种表现，通常在顶部和底部转折阶段出现，是趋势交易者最后确立的买卖机会。（见图6-3）

上升趋势中的拐点

根据技术分析核心要素，一切分析手段都必须建立在趋势基础之上。

2B交易法则基础研究：（1）当前趋势运动的位置；（2）波浪形态的变化及浪的级数；（3）市场动能与人性反应。如图6-3所示，在价格延中长期趋势线运行过程中，以日常价格的波动走势延续进行上升5浪级别的走势，并在5浪结束时出现上升动力明显不足，买入资金逐渐减少并看空后势。综合因素表明，市场已经进入某几个技术分析论点中，同时出现看跌或看涨走势时，将会提振交易量并在一度调整中频繁出现大得多空转换。

下降趋势中的拐点

2B法则研判与运用：参照2B法则基础研究的3个论点，价格趋势整体运行方向引导投机者做出决定，除部分激进操盘手外大众的意愿普遍是偏向趋势的运动方向。对于此类情况的发展，2B法则拐点的把握并不那么突出，且用简单的趋势指标或趋势线就可以完成。与其相反的是，2B法则的功效常会在市场方向难辨之时出现，在价格运行中的各种变化下揭示价格拐点是该法则的一大特点。

研判：无论是在怎样的市场交易，都需遵循一个原则：趋势的运动方向。鉴于趋势之变化，寻找价格运动轨迹以及股票走势的强弱。在此，单一使用2B法则需要考虑以下几个因素：

1. 整体趋势与当前趋势的运行结构；

2. 趋势运动过程中的浪形变化和价格动能的强弱；

3. 价格运行阶段以及市场人性的变化（人性变化的评测来自趋势尾部

第六章
> >> 交易策略与买卖信号

的价格变化,如价格的波动范围与波幅,可参照 K 线形态解读);

4.趋势线突破后的走势(上升或下降),经过较短的修复之后,将会向突破后的趋势线方向靠拢。靠拢方式:(1)弱势靠拢,如图 6-3 所示,价格回归至趋势线附近时,上升动力明显不足并选择向下,是弱势回归的表现;(2)强势靠拢,如图 6-4 所示,价格回落至趋势线附近时,下跌动力有限并选择向上,是强势回归的表现。若价格展开强势或弱势行情运行时,较为直观的判断方法便是,价格是否突破 1B 处。突破视为强势,反之视为弱势。

任何一种好的制胜交易方法,都必须在一个好的执行者身上来完成。研究者可以提供各种经过市场长时间考验并得到证实的制胜方法,但不能保证的是这一方法将流落谁手,能否实现较为理想的赢利目标。该法则的实战运用便是:价格突破趋势线为讯号提示,表示当前市场趋势已经发生

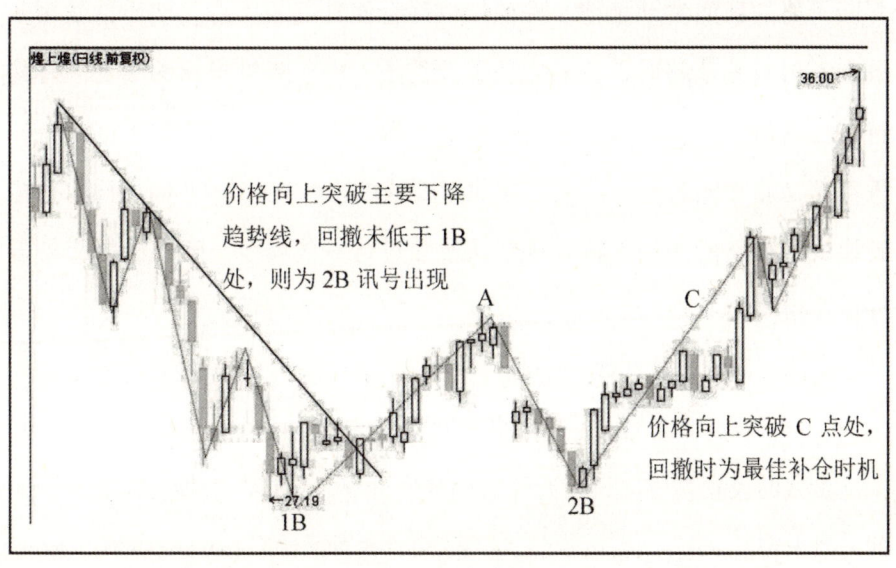

图 6-4 002695 煌上煌

注: 下降趋势中的拐点是:价格延续原趋势方向运行至某一时段,走势向上突破下降趋势线时,为 2B 讯号提示,见后续。

改变，当下的走势通常都会以整理的格局运行，且在这种情况下操作难度相对加大。理想的交易时机，应是在价格出现回落或回归受阻时（2B处）为初次交易，当价格完全突破2B法则形成前的高点或低点时，将表示市场大级别趋势已经确立，新的交易方向已经产生，为二次交易。

拐点——技术指标

技术指标的多样化、多变化在市场中已经不是什么新鲜的事情了，参考技术指标进行交易失利也是常有的事，摒弃技术指标专项研究K线或它法的人也以集群，但这些并不能说明什么。我要说的是任何的方法都有其独特的一面，如何视市场的变化而灵活运用则需要下一定的功夫去学习和研究。换言之，没有不好的方法，只有不会使用方法的人。就以传统的技术指标KDJ为例，遭人唾弃、被搁置一方，很少有人用其来判断价格的顶底波动规律，排他性也许会使其沉入大海。然而，就在多数人不再对其依赖时，它的光芒就会绽放。KDJ随机指标的摆动，有其特有的灵活性，具体的线性变化在此不做太多解释，相信对于这个指标大家都是非常熟悉的。那么，在此所要谈的是，将传统的KDJ技术指标转换成一种新的用法，将系统默认参数进行一次修改，随自己的交易喜好设置相应的参数。

案例：系统默认参数——9.3.3

自定义参数——21.13.3

参数的设置与修改，没有什么固定值可言，一切以市场的需要和个人的习惯来定。

指标修改前与修改后的区别

系统默认参数影响时间周期相对较短，而伴随价格的波动空间摆动又

第六章
>>> 交易策略与买卖信号

较为频繁，因此，不利于投机者掌握波段规律是 KDJ 指标的弊端。如果将参数进行自定义修改后，将变得随心所欲，并由个人的喜好与市场的需要随时修改。那么，两者之间的区别到底是什么呢？（1）修改前指标为系统默认参数，默认参数将会在最大时间值范围内有效，若价格趋势出现持续运行并超出默认参数外，指标便会有出现钝化的可能，其时效性就会降低。因此，当你有过 KDJ 指标使用经历后你就发现在价格进行拉锯整理时，该指标捕捉到的相对低点与高点还是比较令人满意的。然而，一旦当价格的变化形成趋势以后，就会降低应有的功效，其原因是价格已经摆脱了整理区间的监控。（2）修改后的指标参数完全由使用者自己决定，根据不同周期行情的把握，设置符合市场现阶段行情走势的参数，如上述案例中的参数在行情走势中还是比较合适的，在所有周期中其功效是非常显著的。（见图 6-5）

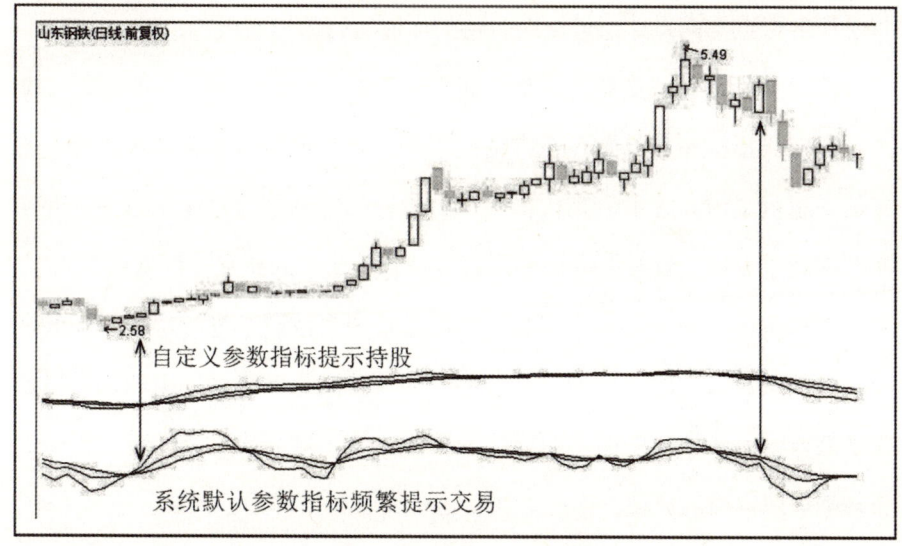

图 6-5 600022 山东钢铁

注：KDJ 指标系统默认参数和自定义修改参数的对照以及对价格变动时的跟踪与分析。

KDJ 指标在实战中的意义

如图 6-5 所示，系统默认参数与自定义参数两者之间有着截然不同的区别。根据 KDJ 指标的买卖原则，金叉为买入股票，死叉为卖出股票。如果使用传统的 KDJ 默认指标的话，那么将会根据指标的提示做出频繁交易的决定，甚至还有可能出现大幅亏损。如果是采用自定义修改后的参数，那么，价格的买卖转换以及 KDJ 指标对价格拐点的把握就十分明显了。如果将其运用得当，价格的每一次变化都将一目了然，利润也是清晰可见的。

因此，对于技术分析功底较深者，任何一个指标，任何一个分析工具都是非常有效的。

从指标的原则上来评论，系统默认参数和自定义参数对交易没有影响，与传统的买卖原则相同，只是在参数与价格周期的研判中有所改变。如果以时效性来测评，应该说是一个非常理想且实用性较强的指标，既可以捕捉价格的低点与高点，还可以对价格的波段运行做出有效的追踪。

KDJ 指标对价格走势的分析与研判

自定义指标参数设置在正常情况下是符合市场运行节奏和个人投资喜好的。也就是说，这个研判价格变动的指标的应用是通过深思熟虑，并在实践中有过尝试，且有结果证明是有较高制胜比率的技术分析方法。

市场的运行节奏与强弱划分，可以通过两个波段来进行解释——大波段和小波段，大波段又分为上升趋势中的大波段与下降趋势中的大波段，而小波段则是大波段中的小幅回落和反弹走势。对于投机者而言，更多关注的是短期价格的波动，因此，我将这种交易行为称为小波段。

利用 KDJ 指标对未来价格走势进行分析，需要考虑是短期交易还是波段交易。即波段交易所分析的周期必然要长于短线交易，相反，日内交易分析的周期也不宜过长。在此，我将给出两个参考数值：日内交易分析最长不可超过 30 分钟，而隔夜交易最短不可少于 15 分钟。这两个数值是完全依照 KDJ 指标的实际应用，为提高该指标的预测度所定。（见图 6-6）

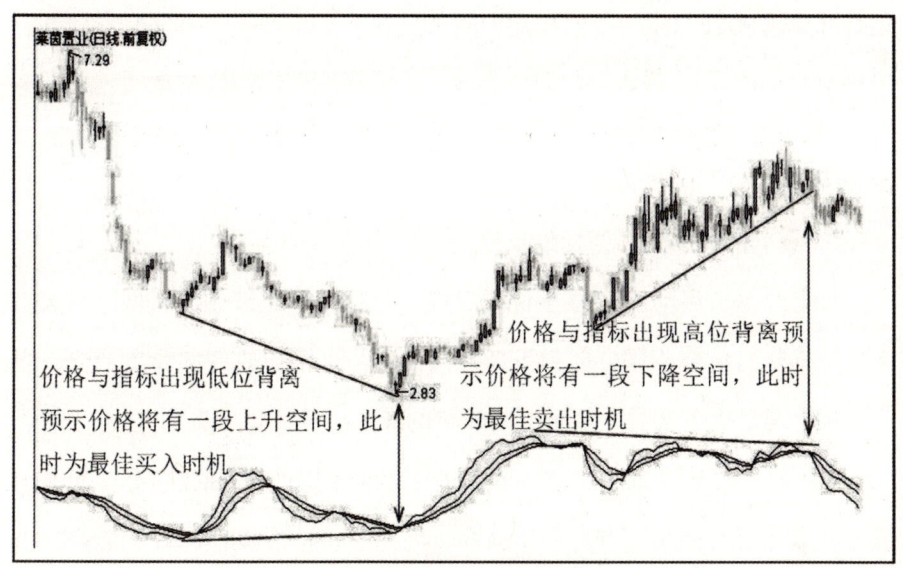

图 6-6　000558 莱茵置业

注：KDJ 技术指标的运用，揭示出价格多空动能与价格长短期趋势的变化，并在价格出现大幅下降或上升之前有所警示。

基础分析

1. 信号提示买入：当市场较长时间处在下降运行阶段，且下降动能得到缓解时，KDJ 技术指标线将会在 20 下方逐渐靠拢并有出现金叉信号的迹象，一旦该指标出现金叉走势，便是买入股票的最佳时机。

2. 上升趋势中的动能：KDJ 技术指标出现金叉信号后，逐步由下而上运行并穿越 50 或 80 以上，但在此期间未出现死叉信号，仍为强势上升阶段，以持股为主。

3. 信号提示卖出：当市场较长时间处于上涨运行阶段，且上涨动能受到限制时，KDJ 技术指标线将会在 80 上方逐渐靠拢并有出现死叉信号的迹象，一旦该指标出现死叉走势，便是即刻卖出股票的最好时机。

4.下降趋势中的动能：KDJ 技术指标出现死叉信号后，逐步由上至下运行并穿越80或50以下，但在此期间未出现金叉信号，仍为弱势下降阶段，以持币为主。

高级研判

大行情转折时 KDJ 指标的反应

1.上升行情启动前 KDJ 指标的反应：价格向下继续创出新低，而 KDJ 指标并未在与价格相同方向创下新低，而是与价格形成底部背离走势，当该指标出现二次金叉时，便是买入股票的最佳时机，且后势惊人。

2.下跌行情启动前 KDJ 指标的反应：价格向上继续刷新新高，而 KDJ 指标并未在与价格相同方向创出新高，而是与价格形成顶部背离走势，当该指标出现二次死叉时，便是最后卖出股票的机会，且后势惊人。

KDJ 指标注意事项

1.KDJ 指标在 20 与 80 之间运行出现的金叉和死叉，对价格强弱的划分以 50 为中心线。在 50 上方运行并出现二次金叉表示价格逐渐走强，反之，在 50 上方或附近出现死叉并下穿中心线 50 则为市场的弱势信号，延续价格方向继续运行。

2.KDJ 指标在 20 以下与 80 以上出现的金叉和死叉，对价格强弱的划分以 50 为中心线。如 KDJ 指标在 20 下方运行并出现金叉，但并未向上穿越 20 轴线，仍属于空方占领区域，不宜买入股票。当 KDJ 指标在 80 上方运行并出现死叉，但并未向下穿越 80 轴线，仍属于多方占领区域，不宜立即卖出股票。

第六章
>>> 交易策略与买卖信号

评估自己的时间与性格

交易是一个全面而又复杂的过程，除了需要正确研判未来价格走势及考虑如何降低风险的问题之外，交易者还要考虑到时间与性格的问题，理顺交易头绪，在有效的时间完成有效的交易，即是时间的价值应用。通常参与者的性格又将决定着交易行为，交易行为的对与否，结果将会说明这个问题。故，完美的交易策略并不是因为你具备多少交易技巧，而是在运用交易技巧之前你对股票价值的了解，对其走势的研究花费了多少时间，这些将由你的性格决定。

如果将其做一种比喻的话，那么性格是无形的，而交易则是有形的。无形与有形的区别就在于如何将其糅合在一起，假如在你正式开始交易之前，对性格进行一次无形的评估，然后加上有形的技巧做一次糅合的交易，试想我们的结果将会怎样。假如你已经开始思考这个问题并准备实施，不妨立刻付诸行动。

因此，当交易者的行为习惯已经形成，并跟随价格的忽升忽降而进行时，可以判定这位朋友已经有一半的概率是失败的，这不是耸人听闻而是历史数据的见证。毫无疑问，你的决定是跟随价格的快速波动进行，也就是说，你的所有交易策略都是由价格来主导，而并不是通过自己的策略来分辨价格未来的运动走势。有效的获利途径应该是，在价格出现快速波动和较大幅度运动之前进行，等待价格上涨所带来的赢利乐趣。如果从某种

证券交易
用模型策略战胜市场 >>>>>

意义上来诠释这两种投机概念的话，那么一种叫盲目投机，另一种叫理性投机，作为正在市场交易的你，将会如何做出选择呢？

什么是性格？

性格，片面的理解是人性的某种行为习惯。这种习惯不是一朝一夕形成的，而是经过在日常生活中逐渐养成，因此这种习惯一旦运用于市场交易，便将形成一种潜在的人为风险，而这种潜在的风险，又将使交易者在价格的影响下做出不理智的决定，所以，性格的评估是由自己去了解、改变和完成的。举例：（1）如果你是一个非常喜欢跟随主力资金波动的短线炒手，那么能够保证收益率的办法，便是提高逃跑的技巧，必须在你赢利或出现小幅亏损之时迅速逃离，否则将会给自己带来更大的灾难。虽然这并不是一种很好的交易方式，但有很多人较为喜欢；虽然交易过程很累，利润很薄，但可以满足短炒者的需求。（2）如果你认为上述交易行为不可，那便不属于市场中的稳健交易者。稳健交易者的行为与上述略有不同，但若没有相当丰富的实战经验和功底较深的专业知识，稳健交易将会变成一种忧郁情绪。对价格未来变动方向失去正确研判的能力后，稳健交易将不复存在，相反的是若能满足上述条件（相当丰富的实战经验和功底较深的专业知识）那将是较为完美的稳健交易者。

稳健交易者的行为较为常见的是：通常，在价格的转折点出现之前就提前买入与未来价格运行方向一致的股票，且止损点设置也相当严格（之前章节已有讲述），这是来自于对市场的深刻理解与交易者本身的自信。

所以，无论你做出怎样的交易决定，都必须要思考自己想要在市场获得什么，你的性格是否符合在目前市场中交易，即将要买入的股票是否符合你的性格，都要一一进行评估。你要知道不是所有的股票都是可以操作

# 第六章
>>> 交易策略与买卖信号

的,真正符合自己性格的交易,不过也就那么一些,如能找到符合自己性格交易的股票,或能在自己有效判断范围之内运行的个股,那你的交易成功率已经提高了一半。

时间的束缚

在这个市场里,有的人喜欢做短炒投机,有的人喜欢把握跳空追涨的机会,还有的人喜欢把握价格波动的趋势,一切因人而异,其目的都是为了在合适的时间做合适的事情,如果你的交易策略是对的,你就会得到你想要获得的东西,如果是与价格相反的,那么你将会有所损失。作为一名投机者,这些你是无法避免的,市场的方向只有两种,在交易市场中称之为上涨与下跌。上涨通常被人们称之为上升走势,而下跌通常被人们称之为下降走势,如果你买入的股票未能按预想的方向进行,那么唯一能够减少损失的办法,便是立刻结束交易,重新确定价格的运行方向。

此外,若不能时常守在电脑旁,那么在买入股票时,就必须要考虑自己的时间。时间虽不是主要的赢利标准,但会直接影响到你的判断,它是买入股票时必先考虑的因素,有什么样的时间就买入什么样类型的股票,若你不是职业炒手,购买股票就不能太过苛刻,不能既想在短期内获利又想在长期价格运行中获利,那是不太现实的,只有当你把精力集中用在某一件事情上,它才会凸显出较好的结果。

很多人通常都会犯这样的错误,在同一时间段内要处理很多项事情,包括工作上的、家庭中的还有朋友之间的,最后还要在市场中获得想要获得的。那么,你的精力分散于各个角落,哪里都有你的声音,一边打着电话一边点着鼠标买卖股票,结果可想而知?我想这绝不是一个成熟交易者的行为。市场是公平的,财富是属于那些潜心研判并不断付出努力的人们,而无一用心者其结果必会遭遇失败，也许只是在失败的程度上不同罢了，因此，出现连续亏损状况也就不足为奇了。

性格与时间两者之间应该是共存的关系。性格决定行为，行为又在结果中产生，场内场外均是如此。不是时间可以淡忘一切，而是探索未来的时速太快。特定的时间和地点，造就特定的性格，充满情感的人类徒步向前，有时却忘记了向前奔走的真正意义。

建立一套符合自己交易个性的系统

交易从某种意义上来讲，只是一种交换，而交换的目的则是为了满足相互之间的需求。就以人类历史的发展来看，自炎黄子孙以来，无不为了各自人群能够得到有效的生存条件而进行物与物的交换，这是出于利益双方的考虑以及种族的延续在特殊环境下形成的。如今，人类的发展与科技的进步，让我们已不再像以往那样进行物与物的交换，而是采取了一种较为便捷的手段，俗称"金钱交易"。是当今社会发展中惯用的一种生存方式，也是拉动经济运行的重要组成部分。利用现金购买一切所需物品，然后消耗，消耗之后再购买，形成一种反复循环的交易链，同时为了更好地生存与体面地生活，人们每时每刻都在为满足这些物质需求而奋斗不止。

与此同时，我们需要感谢改革开放给我们带来的机会，开放性的发展，使我们快速聚集了财富，提高了生活质量。

第六章
> >> 交易策略与买卖信号

交易的本质，我们将如何去理解？本章诸多内容已围绕交易进行了诠释，从讲述交易的定义开始，然后到各种环境及交易者心态驱使下的交易策略，以及交易者需要练就的控制各项交易潜在风险的本领，到最后所提及的建立一套符合自己交易个性的系统展开，其目的已非常明确，进入市场后无论你做出怎样的决定，在此之前，都必须要有一套符合自己个性的交易系统。

请记住：是一套符合自己个性的交易系统。

在市场中有着无数种的交易技巧和买卖信号，换句话说想要得到这些并不是什么难事，也可以说是随处可得的东西。然而，这些轻易就得到的东西或者是轻易就被撰写成文字发表出来的东西，有多少含金量是可以对你在市场中进行交易而起到帮助的？当然需要做出认真思考的决定和反复推理。过往的经历是如何使自己从噩梦中惊醒，是怎样的情绪和行为导致我们对市场失去了信心，又是怎么对价格运动走势丧失了分析研判的勇气？至今，仍有诸多情景出现在你的大脑之中，并束缚你重新认识市场及对价格运动走势的研判能力，这显然是一种无头绪的交易方式。为此，你将要为你这种错误的行为付出代价，其中包含着金钱、时间以及内心的煎熬等。然而，除此之外你还有另一种选择，那便是站到市场之外重新审视市场，审视过去的种种交易行为，也许你会认识到自己的错误并有改正错误的想法，你将会很快脱离曾经使你焦头烂额已不想再进行交易的怪圈，重新树立战胜市场的信心，同时做好充分的准备去迎接新的挑战。

环顾周围，我们不难发现有诸多参与者其技巧新颖，运用自如，通常还能在价格出现较大转折时及时改变方向并享受着市场所带来的投机乐趣和较为丰厚的利润。看似简单的东西已经经过无数次反复磨炼和研究，并在实战操作中加以验证一点点修复而来，是由复杂的经历换来的简单交易，是了解市场、认识市场的一种思想提升，已经达到了与市场融为一体，可分可合、进出自如的一种境界。

然而，这种能力与思想境界的提升，并非是普通投机者可以轻易完成的。首先，它需要经历一次或者几次市场的洗礼，在思想上有了对市场新的认识并极力寻找着解决办法，努力改变，去繁留简，已不再注重某个技术指标在价格变动中出现的买卖信号的提示，而是更加注重对市场价格波动的自然规律进行研究。从某个层面来讲，在思想上已经有了很大的改变，这也许将是你在市场中持续下去的一个开端。将心灵投向大海，感受波涛汹涌般的海浪擦肤而过，那将是一个非常美丽的场景。

战胜市场，战胜自己的三个阶段

只有在市场中经历过亏损并遭受打击的人才有可能战胜市场、战胜自己，也许你会认为这样的话有点冷血，但我要告诉你的是：市场的运动走势是不会以情感为转移的。所谓的亏损与遭受打击，也是一厢情愿的行为所致，而非市场本身（这个问题我将在后续中讲到，并会给出一个简单有效的解决办法），从人性的思维上来分析，只有当你认识到错误的存在时，你才会有改正错误的想法，这便是开端。

"道"：大道至简，简而不繁

何为道？道是一种思想的开拓，是容纳大海的宽广胸襟，使复杂的东西变为简单，使简单的东西反复使用的过程。凡事以根本出发，研究其本质，在有形与无形之间进行权衡，在变动中寻求机会。那么有形与无形又将是什么呢？有形，是我们通常所说的技术分析，其中包含有图表分析、K线分析、各种技术指标及其他分析理论等，这些都是看得见的常用分析方法，在此，我将其称为"有形"。有形的东西不难发现，也不难理解，而难以

第六章
> >> 交易策略与买卖信号

让人琢磨和理解的是无形的东西。那么，什么又是无形？我们又将如何去理解？与有形相反的是，无形是一种思想的升华，完全没有固定形状可寻，是一种若隐若现的东西，在需要时出现，不需要时就会自动离去。而这种若隐若现的东西，又受到有形的支撑，换句话说，没有有形事物的存在，这种无形的思想便很难显现，也将无法产生效果。因此，在市场中的"道"是大道，即有形与无形两者共存、相互牵引的自然循环关系。

"法"：法令如山，不可不行

如何才能正确认识自己的错误并及时的改正？在现实生活中也许这不是一件多么难办的事情，然而在极具交易原则的证券市场中，这将是一件不被很多人接受的事实。放弃最初交易的原则，逆价格运动方向进行幻想化交易者都不在少数，在价格出现与买入相反方向走势时，仍然不能忍痛割爱而是选择坚守（牛市尚可，熊市必败）。相信在曾经的某个阶段内，你有过要去改正的想法并试图努力去做到，但是事与愿违，每当需要你拿出勇气去面对现实时却不能即刻结束交易，这是导致自己大幅亏损的主要原因。

那么，什么是法？法是原则是铁律是不可触碰的底线，一旦当你越过底线，就必须要付出相当倍数的代价。交易中的底线，便是在你买入股票时制定的交易原则。如：当你买入一只股票后，你的赢利目标是多少？止损点将设立在一个什么样的范围之内？你的交易策略是什么？你买入股票的依据是什么……如果你已经有了非常清晰的思路，那我将会以非常愉悦的心情祝贺你，你是一个思路非常清晰的交易者。如果你能坚守自己的原则，并在交易中思考我所提出的问题，然后还能有效地去执行，我想你已经成为市场中的佼佼者了。

证券交易
用模型策略战胜市场 > >> >>>

"术"：再高明的技巧，也有失败的可能

人们对术的理解各有不同。我在这里要讲的是市场投机中参与者们惯用的招数，即为技巧或手段。在市场中存在着两大派的分析：（1）基本分析派；（2）技术分析派。两者各有优劣（前面章节已有论述），技术派分析人群除了一些专业或即将走向专业者外，绝大多数投机者都还停留在对术的研究和认识上。也就是说这些内容只是技术分析派的一些皮毛，并非是有助于提高交易技巧或者有助于稳定获利的基础保障，恰恰相反，这些你理解的所谓技巧也许正是导致亏损的主要原因。

换一种思维去思考这个问题，当你利用某个技术指标分析价格变动走势时，你是否考虑过坐在旁边的那位朋友也在使用或正在研究相同的指标，并且他的赚钱欲望好像已经超出了正在研究的技术指标范围之外。那么，此时你的情绪与行为，是否偏向于某个技术指标可承载的范围之内呢？你可以继续思考这个问题，无论你思考多久都很难跳出这个平时常令你做噩梦的怪圈。反复研究、反复验证都无法提高你的投机、投资水平，而只是让你使用各种技术指标时变得更加熟练和灵活自如了，除此之外，在你的账户上并未看到大于你原本就有的初始资金。其原因非常简单，因为你和大多数人一样，都在寻找着快速获利的捷径，使用着和你想法类似的参与者的分析方法和手段，每天都在重复做着同样的事情。

市场根本就不缺乏这些常识与技巧，而缺乏的是能够真正运用好这些技巧的人。其基础便是懂得如何使用技巧。例如，掌握某技术指标的基本设置原理和应用过程中需要注意的事项等一些问题。而这些知识又来自专业的层面，首先需要具备辨别市场价格运动走势及把握其规律的能力，这是分析思路也是基础获利的后盾，精于对各种理论的研究与探索，用你的心灵去体会、感受价格波动中的喜悦，才是一种高智的境界。

第六章
> >> 交易策略与买卖信号

道、法、术的诠释,既是一种学习的思路,也是一种研判价格运动走势的方法。成功没有捷径,只有一点一滴的知识沉淀和经验的积累,才能使道路更加宽阔,持续时间更久。更为透彻的是道、法、术是一种成功投资的思维逻辑,假若你没有对道的深刻理解,而专攻于对术的研究,那么你的出发点就已经偏离走向成功的方向。术没有任何思想可言,仅是某个数字的起点与终点,俗称金叉与死叉,无论你使用多么高明的技术指标,其最终的结果必然如此。因此,正确的研判顺序应该是,对道的深刻理解与研究,其次是好的方法需要反复使用,最简单的也许就是最实用的。再者是术的应用,当你完全理解了市场的运动规律以及市场中赚钱的最根本方法以后,对术的应用将有新的认识,看山不是山,看山还是山,就是这个道理。

什么样的交易系统最符合自己的个性

当你准备做任何事之前,刻意给自己设置某些框架,这不是一项高明的选择。最好的办法是随心所欲还原本色,原本的你是什么样的,仍旧是什么样的,无须刻意地去改变什么,其实有很多东西原本是不需要改变的,一旦经过刻意改变,反而失去了对事物的本质看法。交易就是一种习惯,无论你的习惯好坏,都无须刻意地去改变,因为你只能代表自己而不是其他人,同样其他人也只能代表他自己并非你。所以,一切的结果都由你的行为决定。故而,你喜欢什么样的交易方式尽可能地去发挥,也许你的方法并不是最好最高明的,但你的方法一定是最适合你自己个性的。他人的方法也许很好也很高明,但这样的方法未必就适合你,你可以扬其长,补己短,但不能是全部照搬,融会贯通是学习的最高境界。

习惯成自然。自然形成的规律必然是最好的,也是最为贴近人性思维的。打个比方，再好的投机技巧都要拿到实战中去验证，并获得现实交易的认可，否则将是纸上谈兵，对实际交易没有任何意义。因此，方法不在于好坏，更不在于多少，只要你自己时刻保持一颗清晰明亮而又冷静的心，知道自己进入市场的目的，坚持最初的想法，你就会发现市场其实并不像你想的那么复杂、艰难。

买卖的逻辑思维

简化市场交易行为，从繁杂多变的价格运动中捕捉其原有的本质，即自然循环规律。就证券投资而言，既是机会也存在风险，那么，我们又将如何去理解并进行有序的交易。任价格如何变换，其自然运行规律必然是上升与下降两种走势，故所有参与者的赢利比率也将来源于此，即为价格上升与下降的空间差。那么，就以上升走势交易为例，抛开一切较为复杂且难辨的分析方法不谈，以最为原始的升降方法来进行交易，也许要胜过那些较为烦琐且不易让人掌握的技巧，实用性更高一些。在此，我将这种简单的方法称为"右侧交易"。

右侧交易的特点就是遵循价格的原始波动，去除所有可能影响价格变动方向的误判方法，以单纯的K线走势做交易。那么，何为右侧交易？右侧交易是一种自我保护的投机技巧。当然，在使用该方法之前，你必须要有给市场缴纳手续费的思想准备。右侧交易的特点，就是以实际价格走势为基准，当价格出现一个高点高于前一个高点，或价格呈台阶式走势，每当向上突破一个高点，都将是买入股票的最好时机。价格走势在不断向上运行并形成一波有效的上升趋势，所以你的交易思路必是伴随价格的上升不断买入股票。与此同时，也不可忽视风险的存在，就是我们刚刚提到的当你使用该方法进行交易时，你必须要有给市场缴纳利息的思想准备。那么，这种利息就是无论你使用了多么高明的方法去进行交易，都难免遭受市场变动所带来的失败。换言之，当你在使用右侧交易方法买入股票时，难免会有一次买到价格转变时出现的回落（即为头部）。回落即是价格向下跌破你最后一次买入股票的价格，若价格在此向下跌破买入股票的初始价后，便会出现价格趋势运行方向的改变。因此，出于安全角度的考虑，最好的办法就是及时卖出股票给市场缴纳利息。价格的轮回必是上升结束，下降来临，反之，下跌结束，上涨来临。买卖的逻辑思维就是顺应价格的运动方向，尊重市场的选择，以现实价格走向为依据进行的一种简易式交易模式。

从实际交易出发，所有参与者使用方法的目的都只有一个，那便是在市场中赚取收益。而这些参与者又因自己的情绪与行为的不同，使用着不同的交易方法，因此，在场内就会出现技巧、高招的对比，而忽略原本进入市场的目的，这是偏离正确交易的重要原因。然而，根本就不存在方法的好坏，成功的关键在于交易者本身的情绪与行为。

小结：

交易由心而发，随形而动，心若宽，形则顺。一切交易源于内心的驱使与行为的约束，好的方法需要用正确的思想来完成。还原交易的本质就是买卖，而买卖又归于人，人是买卖成败的关键。因此，交易不是我们的初衷，我们的初衷是通过交易的方式获取之间的差额，即交易的成功。然而，交易的技巧来自发现与坚守。发现他人未发现的，研究他人还未研究的，坚守他人所不能坚守的，你就会在自己的交易行为中形成一种模式，这种模式便是一套符合自己个性的交易系统。而这种模式又是他人无法模仿复制的，是完全建立在自己性格基础之上的。

  为此，不是所有的交易方法都符合自己的性格，学习是为了让自己更早了解市场的本质，在本质中寻找方法，运用方法建立交易。交易行为要与自己的性格相吻合，才能将所学应用自如。

第七章

风险控制与管理

> 认识到风险的存在,才有可能将其化解。风险是来自内心对利益的期盼、欲望,唯有降低内心的贪念,使情绪在巨大利益诱惑面前仍能保持平静,才能将风险看得更真。

风险解读与预判

　　风险对每一位投机或投资者而言是必然存在的，既然我们选择了这样的交易模式，就已经认识了风险的存在。那么，就风险一词，我们将如何理解并如何将其降到最低？完全可以通过交易的行为控制。然而，风险的概念可由两个部分组成。其一，是市场本身存在的风险，这里我将其称为"系统性风险"；其二，是参与者自身的风险，我将其称为"非系统性风险"，即市场风险是系统性风险和非系统性风险同时存在并互相影响的。

　　因此，风险不可排除、只可降低。以单纯的证券市场来考虑，风险的存在形式主要有：

　　1.对价格运动方向的误判，偏离市场的运行轨道。投机或投资对价格的运动方向研判极为重要，作为参与者，不应偏离这一象征性观念。严重的投机心理，往往会诱使你在价格大幅转折之前偏离正常运行轨道，并选择急切进入市场从而遭受价格波动的打击。

2. 人随价动，而非价随人动。通俗的理解便是，大众的交易行为是受价格波动的影响而行动在价格之后，而价随人动，便是应用较为准确的研判方法提前埋单于价格波动之前，享受价格波幅运动带来的利润。这是处于人性的角度进行考量，那么除此之外，市场风险更多来自于不确定性，政策的出台，利空、利好信息的发布，总之影响价格变动的一切信息都有可能随时出现。

3. 有效预测价格未来的运行方向，知识与盘感可以协助完成这一较为神圣的使命。交易没有时间长短，只有何时掌握运动规律。拥有灵活资深的看盘技巧和独特的分析方法便是市场的佼佼者。价格的轮回必然有迹可循，用心感受必能发现奇迹。

系统性风险

市场的变化，是供求关系的一种呈现，当供大于求时，价格将会出现下降，反之，当求大于供时，价格将会出现上涨。因此，价格的变动有一部分是来自场内外买卖力量的影响，这仅是其一。其二是影响价格变动的一切信息，即国际信息与国内信息。如，中央银行发出的加息加准、降息降准，证监会公布的有关规定、中小投资者风险警示。其三，影响价格变动的国内指数。如，CPI消费者物价指数是反映居民生活的物价变动指标，对周期性股票将会产生一定影响；PPI生产者物价指数是制造商出厂价的平均变化指数，对制造类股票将会产生影响；采购经理指数（PMI）是通过对企业采购经理的月度调查结果统计汇总，编制而成的指数，它涵盖了企业采购、生产、统计等各个环节，是国际上通用的监测宏观经济走势的先行性指数之一，具有较强的预测、预警作用，PMI通常以50%作为经济强弱的分界点，PMI 高于 50% 时，反映制造业经济扩张，反之，低于 50% 时，则反映制造业经济收缩。由此可知，先行性指标能够及时反映出相对真实的经济状况。

总之，风险有可预测的和不可预测的，都将或大或小地影响着价格的变化。

解读信息是一件较为复杂烦琐的工作，就以影响力较大的信息而言，参与者更多关注的是：（1）国内可能影响证券市场政策的出台；（2）政策推动的行业发展，如"一带一路"；（3）国内外货币政策、利率的变动。因此，作为信息收集或者解读人士，除了收集影响价格变动因素的主要信息以外，务必需要证实信息的真伪及其影响力。政策出台、信息发布往往是对价格变动趋势的一种修正信号，即推动价格运动规律的正常运行。然而，解读市场信息是一门必修的功课，利好与利空往往是对不健康市场发展的一个修复，其有效性是针对价格运行方向而纠错的。故，风险提示有可预测性风险与不可预测性风险，两者之间的区别是可预测性风险可以通过收集信息、优化信息来达到分析研判的目的，而不可预测性风险一般是指自然灾害的突发，如洪灾、冰雹等由气候变化对价格产生间接或直接的影响。

非系统性风险

非系统性风险是交易者的情绪与行为导致的结果。了解自己的交易个性，是控制情绪的关键，要相信市场永远是公平的，所有的不公将由人性产生。市场没有对错，行为结果的产生是参与者本身。至此，场内出现的大幅亏损或逃离者将是最终的行为过失买单者，毫不夸张地讲，就证券交易而言，绝大多数人对其了解是处于朦胧状态之中，并无头绪地进行着每一笔交易。那么，由此产生的风险是不可预测和估量的，其没有丝毫的定理可言，完全任由市场价格的波动摆布。由此可见，这种风险是固然存在的。任何一项正确的交易必然要有理有据，首先是通过大脑的神经系统传输到肢体，然后肢体执行大脑所传输出的指令。然而，指令的正确与否，又和当时的情绪有着密不可分的关系，若你的情绪处于平静状态，那么，通常传输出来的指令，是经过缜密思考和研判之后的结论。与此相反，若你的情绪处于急躁混乱之中，并伴随心跳频率加快时，那么，经过大脑传输到肢体的指令将会大打折扣，通常会以失败而结束。

　　了解自己的交易个性，选择符合自身优势的股票进行投机或投资。不同性格类型的人，内心所能承受的价格波动幅度都是不同的，因此，快乐交易是我一贯的主张。选择利于自身优势的操作你的压力将会减少很多，而逆性格交易为获超额回报率的做法已经超出了内心所能承受的范围，便不符合自己的交易性格并使投机压力加大，对稳定情绪和保持心态平静有百害而无一利。理想的投机或投资应该是一种享受，时刻感受价格波动所带来的愉悦是一种境界！非系统性风险的存在以及扩大的原因主要是参与者自身的交易预期。试问，当下你是否早已做好亏损的准备？假若你的思考已经偏离了我所讲述的内容，那么你的潜意识风险仍在扩大。也许你会不解，大凡进入市场或是投机或是投资的交易者又有几人不是为了赚钱呢？没错，如果你能再认真思考一下我所讲述的内容，我想你的疑问就会化解。与你想法相近或相似的，他的命运是否与你相像，市场给出的答案是毋庸置疑的。原因很简单，我们太过执迷于市场的利益一面而忽略了市场的另一面——风险，当你的神经出现紧张时，内心的恐惧与不安也会随之加大，这是由于人性的贪婪与恐惧的思维转换而造成，不因现实变化而转移。

# 第七章
>>> 风险控制与管理

事实上，对于场内的大多数参与者来说，自进入市场以来，几乎无不生活在对市场的贪婪与恐惧之中，能够感受市场所带来的交易乐趣者是凤毛麟角、屈指可数的。然而，坚强的背后，是无数参与者的痛与恨铸成的，要么主动退出市场，要么继续承受常人所不能承受的痛苦。作为投资人，我深感每一位同胞内心的强大和不易，可以说，任何行业的从业者都难以与我们相匹敌，因为在这个烦琐且复杂的市场中能够保持长期稳定获益者实为少数。为此，如何在这个让我们又痛又恨的市场中获得收益，尽量减少非系统性风险，首先，要从改变我们自身开始，丢弃那些原本不被市场接纳的想法，重新、理性看待市场及价格的轮回变化，将行动推迟到平静之后。

信息随价格运动的方向投放

在市场中多年来一直有这么一句谚语："股市先行，经济随后"，股市被视为经济的晴雨表。而在金融虚拟市场中还有这样一个极为现实的真理，那便是：信息随价格运动的方向投放，利空、利好是对价格运行方向的修正，预防价格出现异动的调控手段。换言之，市场中的信息需要通过价格方向的变动逐一消化。举例，当价格处于上升周期运行时，投放的信息中利好要多于利空，而利空又将得到价格上升周期的消化。相反，当价格处于下降周期运行时，投放的信息中利空要多于利好，而利好又将得到价格下降周期的消化。利好与利空信息的发布通常是与价格的运动方向呈一致运行的，若与价格的运动方向相反将会使短期的价格波动受到冲击，但很难扭转价格运动的方向。

何以理解？信息（利好、利空）是对价格运行方向的修正。潮起潮落、循环往复是一种循序渐进的走势，任何市场都不能存在只上不下或只下不上的走势。趋势的形成必然要经历涨跌的循环，市场内外人士的参与，以主观的因素拉动客观事实的走向，在价格走势上形成助推的作用，在此，我们可将其称为助推行情。

综上所述，市场信息（利好，利空）围绕价格运动的范围进行消化，然而，不同价格运行时期发布的信息对价格走势的刺激都将不同。所以，解读市场信息除了要具备一些专业的思维观念外，还需懂得一些技巧，所谓技巧就是对价格走势的节奏性预判。如，以单纯的上升或下降的单边走势来解读市场信息的话，在价格处于上升周期运行时，所谓的利空将会因为市场人气的极度狂欢而降低其对价格走势的影响。相反，在价格处于下降周期运行时，所谓的利好也将会因市场空头动能的强劲而忽略其对价格的影响。此外，类似现象的发生是源于场内参与者们一致对价格运行方向的预判和追随，若在方向上没有产生明确的走势时，是很难让他们做出逆向交易的决定的。

此比非它比。信息发布与价格走势似乎有着不可分割的关系，仔细想来或静心研究你会发现在金融市场体系中，无论是股票市场、期货市场还是现货市场，都有一种隐秘的关系，而这种关系就是我们提到的信息总称"信息是对价格运行方向的修正"。回想历次价格走势及转折时的拐点，市场信息的好与坏都将左右着价格的运行方向。令投资人较难把握的是价格处于无明确运动方向时对信息的解读，而此时又是研判的关键，以我个人观点则无须纠结于此，放松心情给自己一个清晰冷静的思考空间，待价格走势出现明确的方向时，其结果自然明了。也许你会觉得这样的回答并不能令你满意，我想也是这样。当你在追求事物变化的根源时，其实结果已经不是最主要的了，而感受过程则是让你难以忘怀的。价格出现无明确运动方向时，必然会在某个区域反复震荡形成多空对决之势，只有当一方

第七章
> >> 风险控制与管理

败于另一方时才会产生新的价格走势，或是向上或是向下。

莫将自己的位置看得太重

市场发展需要你的参与，但市场不会因为你的参与而去感谢你。当价格进入某个震荡（多空方向不明时）区域时，保全自身弱小身躯的最好办法就是站到场外静心等待，少一点参与多一分安全。无趋势运动走势时，出现的利好和利空对价格方向的刺激力量是相对有限的，而明智的做法便是静待价格方向的转变和按兵不动待方向明确时调整策略。

总之，为最终交易行为买单者将只有一人，那就是你自己。

风险控制与管理

随着资本市场体制的逐步完善和投资、投机者日益的成熟，风险控制与管理将被提到一个相对较高的层面，这是值得我们共同举杯庆贺的事。观念的改变尤为重要，这一举措从另一个角度去观测必将是走向成熟、战胜自我的最佳表现。假设我们进行一次反向思维的游戏测试，那么，客观地说进入资本市场进行投资或投机，其最初的想法基本都是遵循赚钱这一原则进行的，虽然结果可能是遍体鳞伤，但丝毫也没有改变我们的初始想法，只不过是在目的与形式上出现了变化而已，这是正常思维下产生的必然结果。然而，反向思维将会给我们带来怎样的结果？首先是一项逆向思考方略，即将初始进入市场以赚钱为第一目标的想法，转变成如何将风险

证券交易
用模型策略战胜市场 > >> >>>

控制在安全的范围之内，然后才是谋求利润，那么当你在实际操作中出现亏损后就不会变得那样沮丧和无措。事实证明，在这两种思维下进行的操作其结果将有非常之大的差别。第一种，即是市场参与者普遍的想法，即造成普遍亏损的原因之一，属盲目投资或投机一类。第二种，即理性看待市场，并愿意主动为自己的错误行为买单，起初就将风险摆在了一个极为重要的位置。换言之，赚钱只是结果，如何在正确思维下实施赚钱的方法则是过程，那么，好的过程必然就会出现好的结果，反之亦然。

那么，它最终将会告诉我们什么？能否开启我们走向正确、理性的交易思维道路？逆向思维进行的交易策略能否就此解决不再继续亏损而解套回本呢？我想这一切的一切均来自我们当初的错误思考和过犹不及的行为驱使，使一部分人踏上了通往失败的列车。经过医学测试，当一个人的精力完全被某项事物吸引时，他的智商几乎为零，几乎丧失了抵御外界不确定因素带来风险的一切能力。心智的失败最为可怕，而在这个充满激烈竞争而又残酷的市场中，只有理性看待而莫要陷得太深。如若陷得太深将难以清晰认识市场的轨迹，便不能灵活应对，过分的相信和依赖只会让自己更加疼痛，这是事物轮回的常理。

试想，我们进行错误交易时的情绪更多的是什么，摆在你面前的两道选择题便是风险和利益。如果你看到是风险那么你已经懂得了如何在市场中进行下一步的交易，如果看到的是利益那么要提醒自己利益背后的内容你是否看到或看到了多少。反向思维的好处就是让你时刻保持一颗平静而理性的心去感受市场，感受市场的波动频率。假若你所看到的是两者之外或模糊不清，那么就请你离市场远一点，再远一点，再远一点，直到看清为止。不要让自己在看不到未来的情况下做出决定，价格的运行原则必是经历着三个阶段：上升、下降和转折时停留的时间（平行走势），或是下降转为上升或是上升转为下降，必是循环往复。

控制风险的最好手段，是同价格的运行方向一道进行，而这种交易策略又是在价格出现转折之后进行的，是出于安全角度的考虑而做出的避险手段。简言之，无论是投资还是投机，选择改变运行方向的初始阶段进行交易，既可以规避转折时的整理走势还可以在价格趋势出现转折后的突破行情中享受利益的乐趣！

永不与价格运动方向逆向操作，无论你使用怎样的交易策略都将如此。逆向操作也许会满足你的虚荣心并使你在价格出现转折时捕捉到自认为的最佳买卖点，但从概率上来说这是一种可遇不可求的机会（最高点与最低点），并非是最好的操作策略。根据交易结果分析得出，能够在逆向操作中做到顶底通吃，且在最佳高低点交易成功概率达到 50% 以上者确少得可怜。就我个人经历而言，到目前为止还没有发现有哪一位已经达到了如此高的境界，我也一直在试图努力做到，但也许是因修心不到还未能到达这个地步。因此，能够协助我在交易概率中达到最佳效果并能真正感悟市场，只有眼睛和心灵的体会，过犹不及的行为对我来说仅是烟云，遵循价格趋势运动方向交易才是成熟投资人的一贯做派。

我们未曾想在市场中获得多少财富，而在市场参与中不让本金缩水，就一定有机会赢得财富。

资金管理，必须遵守

从投资全局考虑，资金管理将是一件非常重要的工作。在虚拟资本市场进行交易，合理布局股票及仓位是专业炒手的体现。当运作资金达到某一数量后交易速度就会变得迟缓，尤其是在市场出现恐慌性交易时这种现象将更为严重，因此，对于板块与个股的选择是需要多面性的，单一对某个板块和个股的重仓布局均是不科学的。

正确行事才能激发正的能量，不要让自己陷入被动的局面，那都不是我们愿意看到的。资金管理就是要管好自己手中的筹码，科学合理地应用使其正的能量发挥到最大，倘若你的能力已经不能适应或驾驭某额度资金运作时，最好的办法就是减少追加额度和降低运作频率。我们来到这个市场不是为了简单的寻找刺激，而是要通过这个资金自由出入的场所将自己手中的资金管理好并发挥正的能量。为此，必须要遵守既定原则，控制情绪，理性做出决定。

严格执行必要时的止损指令

始终将风险扼杀在萌芽状态之中。在无法保证万无一失的情况下最好的办法就是设置防御措施，待风险来临时能够及时、灵活应对。那么，在虚拟资本市场中设置防御措施对于某些参与者而言是极为重要的，为防止风险继续扩大到不可控制的地步，适当地需要给市场缴纳一定的费用那便是止损后的部分亏损额。价格运行是有惯性的，而人性思维时常也会随价格的运行方向漂移，虽然处在风险与恐惧之中但行为已经停止了。比如，在进行实际交易时，一个短暂的疏忽就会导致买入与价格运行方向呈反向，而这种买入是出于对未来价格运行方向的信任，情理之中是不太选择主动结束交易的，除非出现无法承受的波动时。

那么，如果真是这样的话，也许止损就会帮助我们做出自己不太愿意去主动放弃持有股票的事情。止损是严格的，不容你有任何情感上的犹豫，必须及时卖出以保留本金为己任。假如没有设置止损指令，若出现较大幅度的快速波动行情，就有可能出现深度亏损和思绪的紊乱，将不利于下次操作。

第七章
> >> 风险控制与管理

之所以要严格，无论是处在何种状况，一旦低于买入价格或超出自己预订的止损额度，即使之前没有设置止损位也必须要及时果断地做卖出决定，否则很容易就会被价格运行方向带到大幅亏损的边境。如果到那时企图做再多的努力都将很难弥补过失。因此，在金融市场中交易，控制风险的职责必须是保全资本，只有在资本完整的基础上再去谋求赢利的突破才有机会。

评估自己对风险的承受能力

投资本是一件欢乐愉悦的事情，而事与愿违却让很多人身处悲痛之中，这就不得不令人思考。人生之中本来就有很多不情愿、不愿意去做的事情而最终还是去做了，做了也许就做好了，这都出于人性对事物的理解程度和自愿接受一些事实的缘故。就以虚拟资本市场投资而言，无论你做出怎样的投资决定结果都是希望做到保值增值。然而，当你决定去执行某项投资时，就会发现很多不如意的事情发生在你的面前，从客观角度去看市场不确定因素太多，而不确定因素引发的事件会使你束手无策和驶向风险的一端，直至你无法再去承受，除非你愿意主动放弃并接受事实，那么，评估的意义就由此而生。

何为评估？评估的目的是为了防范不确定因素所带来的风险继续扩大，为自己提前做出的风险承受能力的评估，继而有条不紊地进行各项投资。投资必是保值增值，而非与其相反。对现实投资进行评估违背投资初衷者随处可见，原因究竟何在？首先，站到理性的角度去思考，所涉投资项目、投资额度、客观状况和风险偏好等，应该在进行投资时事先做出详细的评估，并将自己的风险承受能力数字化、目标明确化、抵御风险严格化，这是确保各项投资程序正常运行的关键。而不是在出现问题时再去考虑当初的决定是否正确，我们不是救火队员哪里着火救哪里，事先没有进行较为全面评估者我想结果就难逃充当救火队员的宿命，当事故发生时到处寻求解决的办法，而此时的情绪又将是最糟糕、最不稳定的，不论能够寻找出怎样的答案其结果都于事无补。

也许你会感到无奈甚至于不情愿，但必须学会接受事实，教训是用来改正错误的而不是去气馁的，只要能在错误中认识错误的原因，就无须去在乎暂时的失败。

评估抵御风险的能力

投资目标是首选，同一个市场不同的投资对象，有人喜欢科技类，有人喜欢金融类，有人喜欢波幅比例缓慢的，有人喜欢波幅比例激进的，各取所需，总之选择自己喜欢的，能够适应波幅比例的，认为是最符合自己个性的，那就可以去投资。至于是否可以顺利完成各个环节并获得可观的收益，那是后续需要考虑和防范的，以客观的角度去分析任何的投资都存在一定的风险，而抵御风险能力的体现便是将风险比例降到最低。那么，如何才能将风险比例降到最低？不以风险偏好为目的如何理解？惯性思维的表现就是在价格朝某一方向奔跑时投资者情绪被吸引到一个相对高涨的时刻时渐入。然而，这种看似风险处于较小的位置时，事实恰恰相反，奔跑过后必会出现停顿或转折，为此，安全的做法不应是与价格奔跑而是在奔跑之前就提前进入市场，等待价格出现加速奔跑。

那么，什么才是最主要的，预期收益与可承受的风险比例是影响情绪好坏的关键因素。换言之，当你的亏损比例已经超出心理所承受的范围，那么你的情绪就会非常糟糕，相反，当你处于保值增值状态时你的情绪就会欢快愉悦，并对未来投资充满信心和希望。不是你难以接受亏损的事实而是你未曾做过亏损的准备，一旦当你遇到亏损事件的发生或亏损额度超过未曾想到过的额度时，神经就会极度紧张。那么，在投资过程中正常抵御风险的比例，应该是在10%以内，如果某只股票自买入以来至今已超过了这一范围，作为人性对风险承受能力的理解其内心已经出现不平衡并逐渐开始矛盾。另者，是当价格低于买入价格10%时，将表明未来价格运动方向还会继续选择阻力较小的一方运行，因此，当你不能正常控制自己的情绪和果断做出决定时，务必要思考自己所能承受的风险范围和是否需要结束交易。通常预期收益和承受风险的比例有着一定的关联，如我们在面对收益时，更多的选择则是落袋为安获得少额利润就会结束，而在面对风险时更多的选择则是亏损少一点，再少一点。风险与收益，永远将不会是等同关系，只是一种比例关系，只有将收益比例扩大才能降低风险比例。通俗地讲，当你卖出股票以后盈亏自然明了，如果以10次交易次数来做计算的话，只要其中有50%以上的赢利是大于亏损幅度的，那么，你的投资结果就是保值增值的，相反，则是亏损的。而预期的收益与风险的对比，最好的办法就是始终不能让你的亏损比率高于赢利比率，而赢利比率又是建立在本金基础之上，只有保正本金的存在才能有希望赢得高额的回报。

正确判读，沿着价格方向进行操作

为何在本书中以不同视角多次提到价格的运动方向，其主要原因是围

证券交易
用模型策略战胜市场 > >> >>>

绕在价格运行的方向周围进行操作可以给参与者减少很多不必要的麻烦。例如，价格趋势在无方向运行时做出的决定，其失败概率要远远高于运动方向明确时做出的决定，所以真正的亏损源于无法判断未来价格趋势的运行方向时做出的所有决定。为此，为防范或防止风险继续扩大，正确的交易应该是在价格趋势运行方向明朗时进行，这是最简单有效的获利手段。

那么，我们将如何去正确判读价格的未来走势？在前几章中已有很多实用性案例专门用来解决这些问题。这里再次提起也许会与之前内容有相像之处，但也是完全出于对某些内容更好的诠释以便读者理解而考虑。就以价格趋势循环往复现象来看，其运行方向大致分为三种类型和三个阶段，那么三种类型又是什么呢？即价格运动方向有上升、下降和平行走势，每种类型又分解出三个不同阶段的运动方式，即初始阶段、中级阶段和尾部阶段。无可厚非，当价格处在单边上升走势或单边下降走势时最易操作，尤其是在初始转折阶段，将很容易就能捕捉到市场中的超大级别行情。如果是在平行走势中，价格运动方向无明确的上升或下降时，那么，此时应该是参与者最不易操作的阶段，价格上下波幅有限且不能形成有效的向上或向下突破，仍停留在某个区域进行整理，而这种走势对于某些参与者来说难以做出很好的应对策略。所以，为避免出现不必要的损失，等待价格出现明确的向上或向下走势再进行参与最为合适。

沿着价格运行方向交易的好处有很多，比如在自身评判能力不及时，可以借助价格的运动方向进行交易，从而享受不需花费太多精力去分析就可得到的利润，是最简单不过的交易策略。倘若，你能在价格突破平行走势初级阶段就参与其中的话，我想随后价格出现的中级行情将会给你带来非常惊讶的收益，前提是你已经买入了股票。真正的大级别行情都是在初始行情与尾部行情之间，其特点是运行时间长、波动幅度大，是市场参与

第七章
> >> 风险控制与管理

者最容易获利的时段，而初始阶段与尾部阶段与其相比还有一些不及之处，那便是市场情绪主导下产生的行情，即不能对未来价格运行方向和幅度产生信任，也不愿意主动卖出手中股票，完全停留在忧郁之中，因此，在价格走入转折时期（初始阶段和尾部阶段）可将其统称为混沌走势。

对其运行方向的预判，就是当价格在某个区域停顿后（或有整理或无整理）再次改变原方向运行时便会产生新的走势，即上升或下降且不会很快就结束，时间周期越长其幅度就越大。

若不能有效掌握此种简单的价格运行规律，那在必要时最好是学会休息。这里的休息通常指的是：当自己无法再去胜任某项交易并获得收益时，就要考虑自己的神与情是否还正常，若逻辑思维和情绪已经不能符合本阶段对价格运行的把握，那必是与价格运动方向出现思想上的背离，勉强交易只会让自己更加痛苦。故，在市场中有一项避险能力叫作"在适度时要懂得停止"，也就是说在投资市场中行情天天都会产生，而人的精力必定不能天天都如此充沛，总会有精神不佳时。所以，当你在一段时间内持续赢利或亏损后，就必须去调整自己的思维情绪，因为，人的思维情绪会在利益和风险面前出现较大变化，每一次交易的成功或失败之后，必须要重新梳理。如同历史中的每一场战役结束后都必须要做战后总结和部队休整，而不是选择在人困马乏之时继续战斗，就算迫于无奈出现此种状况其结果必是败多胜少，要战斗就要集中精力，不打无把握之仗。

修养身心，就是要让自己在每一场战斗中都能保持清晰而冷静的头脑去思考和应对突如其来的价格变化。思维逻辑清晰，无论你遭遇怎样的不测，都不会乱了方寸且总能找出解救的办法，我们无法避免市场中产生的各种风险，只能要求自己不被风险带入更大的风险圈子之中。为此，我们要时刻提醒自己，我就是我，我只能代表我自己，我的行为只能由我自己来负责,莫要在更多的不可能中祈求奇迹出现,那样一切的努力都将会是徒劳。

小结:

认识风险,化解风险。在一个极度充满风险的市场里,我们如何发现风险的存在,并通过各种办法能够将其化解,我们并不是要追求全部,而是能将风险控制在一个可控的范围之内便可。可谓市场风险无处不在,在互联网迅速崛起的时代中,信息是相对及时的,也是极具泡沫的,所以在信息的真假面前,作为市场参与者,就必须学会如何解读信息并化解风险。这也许对于你来说并不是一件容易办到的事,但是你必须具备这个能力,否则将会失去在市场中生存的机会。

然而,在这个市场中并不是具有一定的资金量就可以顺利完成保值增值的投资,而是要懂得如何在市场中合理调配并使用资金,在合理的范围内将其作用发挥到最大。因此,管理资金便将成为一种艺术,管理资金、运用资金就是在控制风险。风险是来自使用者对其的预期,并在使用过程中承受着来自不同方面的资金压力(或是借款,或是企业流动资金,或是即将到期的其他用途的资金进入市场),所以,无论你的资金来自何处,处于何种形式,都必须要在思维和情绪较稳定的情况下进行交易,如果做不到这一点,我的忠告就是,立即离场。为此,在利益面前永远都不能让自己成为替死鬼,更不要幻想过上获得金钱后的美好生活,使自己的情绪和行为达到无可挽回的地步。

第七章
风险控制与管理

故，评估自己对风险的承受能力是非常有必要的。每一位参与者的心率都是不一样的，面对赢利或亏损，自己的承受能力又将如何，是否在一个可以承受及风险可控的范围之内，我想这个神圣的使命还是由你自己来完成最为合理。虽然行为是在思想的驱使下产生的，但降低风险的办法之一，就是将风险的源头扼杀在萌芽之中，在思想上稍有使风险扩大的念头时就将其铲除掉，而不是在风险发生时再去寻找解决的办法。

第八章

让赢利成为模式

在交易中建立稳定而又持续赢利的模式,并努力让其成为一种习惯,过去的阴影无法阻挡我们对成功的渴望。

赢利的基础

赢利是入市者的初衷、梦寐以求达到的目标,是所有参与者共同努力并力求实现的。我们努力让自己能够了解市场、读懂市场,以至于在市场中的地位渐渐提高,然而,在亏损面前我们又多少显得有点脆弱,但这无法改变的是继续执行交易指令,市场的魅力我们无法抵挡。如果不看盘你让我做什么?如果不去交易,生活的乐趣又将从何而来?在一些事物的轮回过程中,它们已经潜移默化地改变了我们的生活习惯。

让成功的路离我们再近一点

你已经很成功了,能否让成功的路离我们再近一点?怀着诸多梦想进入市场,一个从没参与过这种游戏(投资或投机)的人渐渐开始了解并对市场产生依赖,其中充满利益的诱惑,让太多人不能放下心中的包袱,为了实现他们的梦想,时刻都在寻求更好的方法以求让自己快速到达成功的彼岸!怀念游览过的美景,数着K线溅起的浪花,幻想着美好的明天,使我们与梦想的距离好像不再那么遥远，这也许就是人类最为烦恼的地方吧。成功不是运气，也不是侥幸更不会是幻想主义，而是理性者一步一个脚印做着重复事情的同时，激发出的那么一点点的灵感，豁然开朗，原来成功并不是遥不可及，只需将我们的内心与成功的距离再能拉近那么一点就会触手可得。相信在市场中每个人都是幸运的，是这个市场给了我们重新认识它的勇气并发现其中的秘密，赚钱才会变得较为容易。是的，是我们的内心一直在束缚着我们，令我们对新鲜的事物产生恐惧和排斥。

　　市场是需要包容的，没有明确的目标和坚定的信念是很难顺利完成每项交易的。我们不要求自己有海纳百川之心，但需要还自己一份安定。投资与投机共属交易，而这种交易却在形式上各有不同，其主要参与对象是交易时间周期与切入点之间的区别，就投资而言，更多考虑的是价格趋势的运行方向，而投机则是考虑短期价格区间的波幅是否存在，除手续费之外，还有利润可言。因此，两种不同的交易策略必将给出两种不同的答案：（1）投资讲究的是策略，更加偏向于理念，而理念又是相对枯燥乏味很难激起大众参与者学习、研究的兴趣。（2）投机则讲究的是价格短期内的波幅空间，因赢利点不同，无论盈亏都会出现频繁的交易，或是出于恐惧或是出于手续费之差等，为此，与投资者相比无须思考市场的结构变化、运行方向等诸多因素，对于此种类型的交易者来说，也许都是徒劳的，因为他们的关注点不同。如果是完全站到利益的角度去思考，也许你会发现频繁的交易结果，就是无法在市场中达到稳定赢利，换句话说，我们做的这些都是出力不讨好的事，甚至是赔了夫人又折兵，最后落得个两手空空。

　　那么，如何才能让成功的路离我们再近一点，再近一点呢？本书在前面的章节中已经对赢利的基本模式做了较多的诠释，并侧重提到理念对于一位市场参与者的重要性，以及如何让自己走向成熟且成为稳定的赢利者。因此，理念不是交易的结果，而是赢利的基础，它告诉我们如何树立正确的投资观，怎样进行科学投资、理性投资及价值投资，从理论上说是给出了一个如何进行投资和稳定获利的思路。再者，思维情绪的稳定和遇事不慌的心态，会让你在市场中从容应对各种突发事件，这就是成熟稳健的体现。

投资或投机失败的根源来自不求上进，无法抗拒诱惑和为失败寻找诸多借口。成功只有一种方式，那便是在正确的时间做了正确的事情。而失败的原因却有很多，改掉你的陋习不要让借口常挂在嘴上，这不是一个靠情感就能玩转的市场。只有当你真正用心去了解市场，感受市场的时候，市场的门才会为你打开。

不要让现在成为过去的轮回

事物的变化是循序渐进的，无论你是否承认。市场交易不以昨天的成败论英雄。不要总在过去的记忆里游荡，昨天的太阳无法晒干今天的衣裳，你若用过去的眼光和思想来决定今天的成败，是否有点太过勉强？相信在投资生涯中，每位参与者都有过各种各样的成长经历，有的走向成熟稳健得到市场的认可，有的因失败而离开市场，将过去的点滴变成回忆。有的继续徒劳寻求各式各样的方法，总之，大家都在忙碌着。

忙碌是种超越。脱离过去寻求未来，新的开始必将要用新的知识去孕育。虽曾失败过，但终将过去，过去的失败是今天成功的基础，我们不能停留在过去一成不变的固执观念之中，而是将过去失败的基石铺在今天的道路上，时刻恪守成功的信条——原则。在理念的驱使下遵守自己的交易原则，新的出路必是发现，发现价格的运动规律、发现交易的密码，在获益的基础上增添新的光彩，你会发现未来将是如此美好。

走不出的圈，跳不出的坑。市场没有精力去记住你的过去，你也不必在意过去为市场做了多少贡献。我们都是在与预期做交易，如果你明天交易得当，你便会获得收益。反之，如果操作不当，便会使你的资金缩水。明天，无论你是赢利还是亏损一旦交易结束时都将成为过去，而我们需要到达的，仍然是下一个明天，因此，与其用时间回味过去，不如静下心来思考未来。今天很残酷，明天很美好。时间的流逝容不得我们停下来去思考过去。今天的不进步就是明天的退步，今天不努力明天就要加倍来努力。今天的过失导致的亏损，可能需要未来两天的努力来填补。我的经历告诉我，当你做出投资或投机决定以后，亏损额度超过投入资本金的10%时，你的情绪就会非常糟糕并试图寻求解救的办法。而我的原则则是低于买入价位时，我便不再对其抱有希望，因为事实已经告诉我，我买入的股票已经出现了方向性的错误，在我头脑还算清晰的时候，要做的事情就是立即止损。然而，在市场中绝大多数参与者是当买入股票出现错误时，仍对事实抱怀疑的态度，直至亏损额度继续扩大才会死心离去。这样的错误在市场中随处可见，但想改变错误却不得要领的人更多。他们试图要放下些什么，但每到关键时刻就会出现卡喉的事情，事后的醒悟已经无法弥补之前的过错，只能选择为失误买单。错误可以犯，但不能在同一个地方重复犯着同样的错误，那可不是一句什么原谅的话就可以解决现实的问题，恪守自己的情绪与行为，不在冲动、看不清时进入市场，而要在头脑清晰、心情愉悦时渐入，始终保持一种欢乐愉悦的心情去交易，现在将不再成为过去的轮回。

所到之处，必有一技

理念与原则的灌输，规划了未来的投资蓝图。清晰可见的交易策略或

第八章
>>> 让赢利成为模式

隐或现拿来即可用之。在虚拟资本市场中很多的操作技巧已不足为奇，随处可见，什么样的方法才是最好的呢？诸多参与者无不在此纠结，上演的艺术多了，就难以审视其中的美好。出于对解决问题的癖好，在本书接下来的部分中略有提到，但不建议为了达到某种目的而刻意要求自己学会什么高超的技艺。本书更多围绕在理念、知识与原则上进行阐述，少量的技巧也只是为了方便引经据典而著。因此，在市场中博弈比拼的并不是所谓的高招，而是较为深厚的理论功底，慌而不乱极为稳健的战略眼光。当你进入看山不是山，看山还是山的阶段，那么任何的技术指标对你来说都是有用的，并且在最为关键的时刻总能发挥其最大的能量，为此，方法没有好坏之分，它不是物种的对比而是内涵的较量，当你真正到了读懂市场的那一刻，你的内心自然就能海纳百川。

所以，任何的成功都来自于私下的每一分努力。天下没有免费的午餐，没有知识的沉淀和坚定的信念去说服自己勇敢面对市场，就是手里拿着一把千年神剑也无济于事，相反，当你的知识沉淀到某一阶段时，就是随手拿起一根棍棒仍能在市场中披荆斩棘。

赢利的分析

赢利是个代名词，好的操盘手固然有资格佩戴这个冠顶，而差的操盘手们也在为此不断努力。那么，对于操盘手们来说什么是好，什么是差？我想这是一个难以用明确数字来说明的答案。不过在市场中人们普遍认为

证券交易
用模型策略战胜市场 > >> >>>

　　一个好操盘手是在某个时间段或某几笔中做得不错,并以客观的事实去证明的确如此,而对于差的操手们来说,他们就代表着亏损。这也许就是大众参与者对操盘手的评判标准吧。可好坏之差真是我们想象中的那么简单吗?我想你也不会完全相信。好的操盘手是在纷繁复杂而又瞬息万变的市场中能够临危不乱地应对各种错综复杂的变化,并时刻保持一颗冷静、清晰的心去观察价格的走势。与此相反,差的操盘手除了缺乏上述素质以外,还缺少了一些自信,无数次的挫败使他们的内心不再那么豁达,狭小的内心不再懂得改变,而市场的忠告则是"你不改变,我就在变"。

　　在变化中寻找获益机会,是投资或投机中的逻辑思维。赢利就是一种模式的驱使,而模式的形成又来自大脑神经传输去指导行为。思维模式的转变则在实践中变得尤为明显,成功就是在事物的变化中不断改变。人不可能完美,更不可能在某些事情上做到完美,所以,改变则是在错误中不断进行修正并尽早找到解决的办法。在一次次实践、教训中总结经验。而失败者的理由则有很多,较为典型的是"长他人志气灭自己威风"之我不会、我不懂、我想的是、本来是不想介入的,可后来等等,何必要为自己的过错寻找诸多的理由,即使这样做你在市场中的亏损也无法挽回,没有任何意义。如果不能像我述说中的那样,你觉得还会有第二个人会为你的错失去买单吗?如果我们能够平心静气理性地看待这个问题,勇敢地去面对并接受现实,从错误中改变自己,那一切将会变得非常顺利。

赢利目标与思维

　　做力所能及之事,没有人会去怀疑你进入市场的目的,因此你无须在乎别人的看法和与其攀比,可怕的攀比,在事实面前永远是那么不堪一击。很多人在进入市场后,在思维上就已经败给了市场,他们只知道进入市场

第八章
> >> 让赢利成为模式

是来赚取利润的,而不知道如何在市场中赚取利润,以及自己的预期是多少。这是极为要命的事情,如果你不能明确自己的赢利目标就无法在既定的交易原则中去执行自己的交易策略,那么,一切将会显得那样无用。赢利,取决于市场机会的大小和自身对市场结构运行的把握,目标是对价格未来运行方向的预判及其未来可能到达的预期目标,是对逻辑思维分析的肯定,这都来自对日常知识、经验的沉积。为此,市场虽然到处都有黄金,可能找到并将其拥有者则需要付出很多的努力,那么即使这样为什么还会有那么多人纷纷进入呢?人类是"风险的喜好者,利益的厌恶者",这是韦伯法则中所提到的,因此不难发现,哪怕只有一点点希望,人们都会去争取,即便只有20%的成功也都愿意去一试。

然而,处于这样逻辑思维的驱使下对于赢利是无法保证的,这已经脱离了科学交易的范畴,上升到了一个泡沫严重的赌博心理阶段,客观事实的存在已经影响到了主观的思维情绪。在此之前我已讲过"当我们无法去改变这个市场运行方向的时候,就只有改变自己对市场运行方向的看法",我们是在顺势中交易,交易中赚取差价,逆势而行只会让我们离最初的目标越来越远。

赢利,是在正确的逻辑思维驱使下完成的既定目标。根据当前价格的运动轨迹判断,未来价格的波动范围是否朝预想的方向在进行,若是如此,那后期的赢利是有保障的;反之,若与预期判别方向有误或较不明确时,那在正常的逻辑思维中是难以保证赢利的。任何股票的价格走势都具有规律性,无论是上升行情还是下降行情,都是如此。

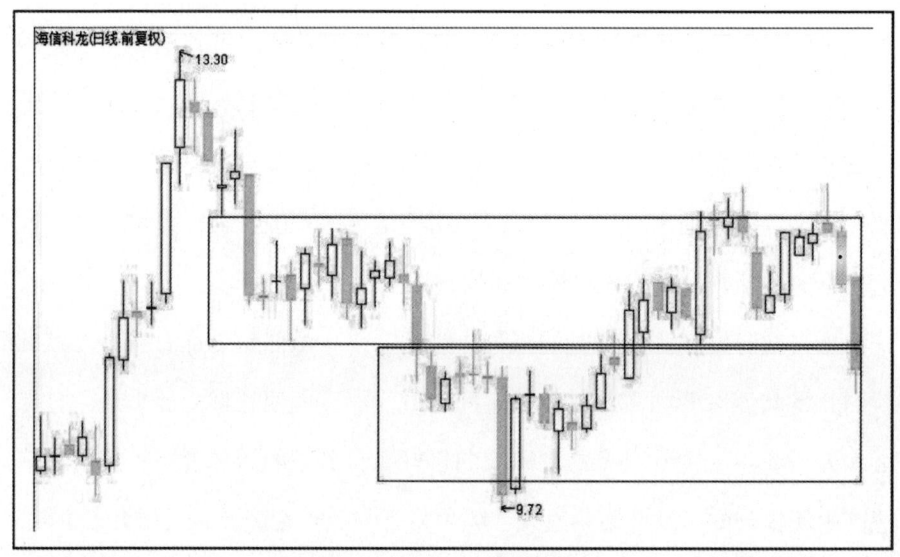

图 8-1　000921 海信科龙

注：海信科龙 K 线走势呈箱体运动，即价格在中性下降行情走势之后出现的两个对等性箱体反弹行情，并随价格动力的转换结束反弹行情，即第二个箱体的上沿受阻而下。

例如图 8-1 海信科龙 K 线图走势，自中期下降趋势形成以后，见底反弹是在两个基本相等的箱体内完成了一波中性的行情。那么，这种规律性的体现，便是对股票价格未来变动方向做出的预判，即价格在同等比例的箱体内运行是否能够走出新的行情，可根据价格在箱体波动范围内的力度进行分析。同等比例的分析标准是价格在箱体的上沿与下沿之间波动，属正常波动范围，如向上突破箱体上沿则表明价格上升力度加强，有寻找新箱体波动的可能；反之，向下突破箱体下沿则表明价格下降力度加强，同样有寻找新箱体波动的可能。其两种波动范围的突破都表示价格已经突破原有运动平台，新的箱体运动则是其后势的波动范围。

需要注意的是，价格在对等性箱体内运行时，无论是上升还是下降走势中，在箱体的 1/2 或 1/3 处出现支撑或压力时，都是价格走势中的极强信号，有很强的分析意义存在。所谓的赢利目标与思维，就是在对价格未来运动方向及幅度提前做出的预判，伴随正确逻辑思维做出的正确判断，其赢利目标是可提前预知的。

投资与投机的区别

投资与投机是两个完全不同的概念。人们常喜欢将其混为一谈，认为投资就是投机，投机也就是投资，其实不然，两者之间是有区分的。举例来说，证券交易市场相对来说已经是个极具投机性的市场了，诸多交易客们每天都在为执行自己的交易策略而忙碌着，但也不能因此忽略对投资的认知。换言之，在证券市场投机，是指短线交易者或连续持仓时间小于一周者，而投资则是在某股票出现投资的机会，场内的先知人士就会择机进入，等待价格朝预期有利的一方运行。在此，需要说明的是：对于这些行为的参与者是符合市场投资或投机概念的。假如你的交易行为已经偏离或完全与此不同，那将是另类，必是由投机的行为驱使，使自己在交易上选错了方向未能及时止损而被迫套牢，最后只能无奈选择。

其次，是交易者本身交易行为的迟钝而改变了投资与投机的观念。起初购买某只股票时预想是以短期投机为主，见得利润便可很快卖出，可事与愿违买入后价格未朝预期的方向运行而是选择了反向运行，价格也很快低于先前的买入价格。站在亏损事实的面前，未能及时果断做卖出决定而是选择了沉默和继续等待，随着价格的持续运行发现自己账面亏损越来越严重，顿时就会萌生继续持股的想法，这就是市场里另一种对投资形象的比喻。

凡事莫存侥幸，若要达到很好的赢利效果，必先遵守既定原则。如若不能将其区分，非但不能提高赢利比率，还会适得其反，既损失了钱财也浪费了时间，虽然在市场中投机机会众多，但像样的行情也不是天天会有的。因此，按照自己的观念去合理地操作，当你在失去钱财和浪费时间的同时，其实已经在降低自己的赢利比率了。对此，我将在下一节中讲到。

持续赢利与快速获利的两个基本原则

提高赢利比率的两个基础，即持续赢利与快速获利。也许当你读到这里时，内心会有一种莫名的烦躁，赢利的念头也许已经成为一种奢侈与渴望，即便在某些时刻还能激起那么一点点冲动的欲望，也将是对挽回损失的施舍。其实，这也不足为奇。当一位交易者经历了无数次的失败打击后，能够再次鼓起勇气对赢利产生强烈的欲望，几乎是不可能的事情，所以，无论你现在是赢利还是亏损，那只能代表过去，站在现实面前我想你也不希望看到未来再重复过去。为此，你完全可以摒弃过去的点滴，重新接受现实，从现实的角度出发，坚持最初的交易梦想，我想你还会有机会还原自己的入市梦想。赢利首先要有自信心，其次是策略与方法，倘若我们失去了进入市场获益的想法，那么，也就没有勇气再去战胜自己，赢利的目标也将化为泡影，任何的策略与方法都将是无用的。

定向投资与投机

锁定目标让其奔跑。在股票市场有句名言叫"做熟不做生"，其意是：（1）当你进行股票交易时，理应选择自己熟悉的股票进行操作，这样就不会觉得生疏而不了解股票价格波动的性质，其意可谓深远。这样的真理在任何市场都将有效，因此，交易的开端应该是先从市场中选择投资对象，然后对其进行了解并实施交易。（2）找到符合自己投资或投机个性的股票，即便是经常参与的某些股票，但未必都会符合自己的个性，其价格波动的速率和节奏都各有不同。所以，什么样的股票才符合自己的个性，更多地需要用心去感受和体会。提高赢利比率先要切实寻找符合自身赢利的条件，因性格情绪的不同我们无法统一，那么就只好选择自己力所能及之事。

何谓定向投资和投机，两者之间的区别是：一个是以投资方向为赢利目的制定的交易策略，其分析手段大都围绕在投资基础之上；另一个则是以短期投机为目的制定的交易策略，其分析手段和覆盖面大都围绕在投机基础之上。通俗地讲，投资和投机是在最初制定交易策略和分析方法及手段上各有所长、各有所需。投资更加注重对价格趋势方向的把握，属稳健投资类型，不以短期盈亏而改变自己的交易策略，前提是还必须坚信自己最初的判断是正确的。而投机则注重的是当日或近日价格的波动，即涨跌速率的变化，对于激进者而言应该是个不错的选择。除此以外，对于部分参与市场交易的闲散游击客，我们未将其纳入以上论述之列，其原因是游击客难以达到以上论述的要求，且难以在较短的时间内了解某只股票价格波动的特性，因此，也就难以确定其是否可以达到赢利的标准。

时刻明确自己入市的目的

赢利的前奏是时刻明确自己入市的目的，即便是短期失败也要坚持。这是一项极为重要的任务，将和你的未来收益有直接的关系，据此，无须对其真实性再进行考证，惨痛的历史已经证明。试问，你们现在是否还记得进入市场的目的，还是已经忽略，仍在为过去的行为追悔莫及，还是等到回本或少亏一点你就打算离场？其实，很多人已经不再记得他们进入市场的目的，甚至在脑海里已经没有了这个概念，那么又是什么原因造成我们在思想上有这么大的差距呢？其根源还是要归属于原则上。市场的风险是必然存在的，我们无法使市场中的风险消失殆尽，但我们可以将交易的风险降到最低；我们无法保证自己在市场中获得最大的收益，但我们可以将赢利的比例尽可能提高。这样也就产生了交易的新思维，即进入市场的目的很简单，就是为了获取收益而不是为市场的发展做贡献。伟大的事业还是让伟大的人去完成。作为市场中的基础性参与者来说，你只能将你的亏损与赢利比率化，想要赢利必是赢利大于亏损，而不能使亏损额度大于赢利，之所以我们现在对赢利目的还有质疑，其原因是赔不起的心态在作怪，一旦面临方向性错误都无法在第一时间止损，而是等待回本。

　　残酷的事实不以情感为转变。当你买入的股票出现亏损时，基本可以断定有70%～80%的概率价格是朝着不利于自己的一方运行，如果不是这样，那结果必然是赢利而不是出现亏损。无知的等待只会让你更加被动。为此，减少亏损就必须要在价格朝买入相反方向运行初级阶段时果断结束，才有机会将亏损额度降到最低并在新的买入中赢得收益。假若你的亏损额度已经在一次犹豫中扩大到了令你痛心的地步，那么，后面所做的努力便是如何挽回损失而不是如何在市场中赢得收益，假如你的亏损次数大于赢利次数，或赢利比率是小于亏损比率的，那么，当初入市的赢利目的就会离你越来越远。在此，对诸位友人做一忠告：明确自己入市的目的，就是始终不能让亏损大于收益，如若不能宁愿停止交易，也不扩大亏损额度。

两个基本原则

持续赢利与快速获利

　　持续赢利，对成熟投资者而言是一种理性的投资回报。延续价格趋势

第八章
>>> 让赢利成为模式

的自然轮回,对长线股票的波段性投资。需要分析的手段是对股票的成长性把握,即可能影响价格变动的基本因素和市场人为情绪的技术判断对某只股票做出的综合分析。选择的股票理应是通过基本因素和技术分析的规律性判断,即价格波动的频率、结构运行的速率。利益选择应该是价格的中级运行阶段,借助市场环境的力量完成交易。

快速获利,即对价格波动幅度较大的或者是投入资金较小而涨速又快的股票进行参与,这样更有利于对价格速率的把握及实现资金快速倍增的目的。需要分辨的是什么样的股票是波动速率较高的,什么样的股票波动速率又是较低的。例如:002702海欣食品、000753漳州发展等,基本都是满足速率较高的股票。那么,什么又是可以实现小投入大回报赢利目的的股票呢?简单来说,是选取一些价格相对较低,且具有突破整理平台要求的股票进行参与,如600035楚天高速、600380健康元等。这样你就很容易达到自己的赢利目标。不是你有很多的疑问,而是你必须学会去想并加以实施,那么,将如何解决内心的问题?你只要愿意主动去接受所述交易原则并努力去执行它,就会得到超出自我想象的惊喜。

让赢利成为一种模式

只有当你敢想,才有可能敢做,敢想敢做就有可能实现。让赢利成为一种模式并非无稽之谈,更不是对失利者的一种蔑视,而是完全可以做到的,且这种模式是符合自我个性交易策略和市场运行之规律的。假如你还未能读懂并领悟以上章节内容,那么,必先反复攻读验证。让赢利成为一种模式必先拥有一套成功而熟练的交易系统,然而,这种成功的交易系统又来自对上述章节内容的深入领会并衍生出由个人性格决定的新交易思维。

让赢利成为一种模式并非是对某种交易策略的诠释,而是符合大众参与者站在不同角度去审视和反复推敲论证的，以实际角度出发将会根据不同程度的市场参与者的情况，量身打造自己成功的交易策略与方法，其挖掘性与实用性较强。

小结：

也许你还未曾想过或感受过在市场向好时快速赢利到底是怎样的一种滋味，也许我的论述会多少点燃一些你的欲望，而这些欲望又是真实可见的，并且随时都可能出现在你的面前，也许你会认为自己也是完全可以在市场中做到赢利的。事实也是如此，每个人都有可能在市场中成为一名真正的投资者，仅是因过去错误的行为扼杀了自己对投资成功的欲望。洗刷过去，重新认识、审视市场，将错误进行归纳总结，便会在未来的交易中起到重中之重的作用，这就是经验。

成功需要不断总结和休整自己的错误行为，路漫漫其修远兮，吾将上下而求索。政治、经济发展需要的场所，我们又怎能对其置若罔闻，高智慧人群的聚集地，我们又岂能自甘堕落不求上进。抓住牛市的盛宴，让利润快速奔跑，让赢利成为一种模式。本书内容上下贯穿其中，并给不同层次参与者量身打造了一把通往稳定赢利之门的金钥匙，如果你能找到，它必将属于你。

后 记
POSTSCRIPT

本书从市场参与者视角出发，章节连贯，内容丰富。首先，要从观念上改变自身，不是我们缺乏研判市场及价格走势的方法，而是我们需要重新审视自己的观念，在一个较为公平的市场中，我们是怀抱怎样的一种心情在场内进行交易呢？时过境迁，过去的思维观念是否还能适应当前市场的发展规律，且市场的体制结构也在慢慢转变。因此，作为市场参与者的一员，我们有必要在市场结构转变过程中，与时俱进地改变自己对市场的认识。正确的观念指引你走向正确的道路，那么，如何才能顺利完成这一观念的改变，在本书中已有体现，并反复强调在市场中怎样才能进行合理化交易并取得成功。然而，丰富的内容是完善各层级参与者对市场结构转变、价格运行及怎样对价格的变动进行有效的分析。以实际交易为案例指导，并对不同时期的价格波动进行了多样化的分析，真实的案例、娴熟的操作手法是理念与方法的共同传授。

学习，非学而学。我们不是为了学习而学习，我们学习的目的是为了能够很好地去发现市场，了解价格的运行规律。在其从无序到有序的转变过程中，应该采取怎样的行动才能使自己尽早掌握其变动规律，这才是重点。

如果在学习中，你已经参悟了书中所述内涵并发现价格运动的密码，还烦请你能将自己的体会与身边的朋友一起分享，这便是一件较为快乐的事情，同时，也相信你会做得更好。本书以投资和投机两个视角进行全面阐述，并提出两者之间在交易中的本质区别，如何权衡还需参与者自己结合书中内容来完成。改变是为了更好地去完善整个交易系统，而系统的制定，又取决于参与者对实时行情的认知与把握程度，有效制定策略是赢利的前提，赚取稳定收益是成熟的表现。虽然书中内容已较为全面，涉及面也非常广泛，但为了给本书增添更多光彩，还需各位读者多多提出宝贵意见，将感激不尽。若因内容瑕疵之问题，遇难以理解或不明之处时，也可与本人取得联系（guohao_5015@sina.com），我将一一进行解答。

最后，真心希望本书能给你带来快乐和交易上的帮助，并祝愿各位读者能够通过对本书内容的阅读而建立一套符合自己个性的交易系统，驰骋市场，成为一名合格的职业操盘手。